빼앗긴 봄, 공녀

큰 글씨 책

011

빼앗긴 봄, 공녀

초판 1쇄 인쇄   2020년 10월 27일
초판 1쇄 발행   2020년 11월 3일
—

지은이   조혁연
펴낸이   이방원
편 집   정조연·김명희·안효희·정우경·송원빈·최선희·조상희
디자인   박혜옥·손경화·양혜진   **영 업**   최성수   **마케팅**   이예희
—

펴낸곳   세창미디어

　　신고번호 제300-1990-63호   **주소** 03735 서울시 서대문구 경기대로 88 냉천빌딩 4층

　　전화 723-8660   **팩스** 720-4579   **이메일** edit@sechangpub.co.kr   **홈페이지** http://www.sechangpub.co.kr

　　블로그 blog.naver.com/scpc1992   **페이스북** fb.me/Sechangofficial   **인스타그램** @sechang_official

—

ISBN   978-89-5586-629-2   03910

이 도서의 국립중앙도서관 출판예정도서목록(CIP)은 서지정보유통지원시스템 홈페이지(http://seoji.nl.go.kr)와

국가자료종합목록 구축시스템(http://kolis-net.nl.go.kr)에서 이용하실 수 있습니다.(CIP세어번호: CIP2020044275)

011

빼앗긴 봄, 공녀

조혁연 지음

세창미디어
MEDIA

들어가며

　　　고려~조선시대에는 우리의 어린 딸들이 다른 나라에 공녀(貢女)로 바쳐지는 일들이 있었다. 조공 관계에 있는 번속국이 종주국에게 자국에서 생산되는 물품을 바치는 것을 공물(貢物)이라고 한다. 그리고 그 공물로 사람, 그중에도 동녀(童女, 여자아이)를 바치는 것이 공녀이다. 이처럼 국가 간에 공녀를 주고받는 행위는 대표적으로 고려와 원나라, 조선과 명나라 사이에 존재하였다.

　　　조선 전기의 한확이라는 인물은 세종이 그를 함경도 관찰사로 임명하려 하자 "신은 배우지 못하여 재주가 없다"며 높은 벼슬자리를 거부하였다. 겸양이 아니라 그는 실제로 문인적

기질과 소양이 깊지 않았다. 그런데도 한확은 17살 때 공녀를 처리하는 진헌부사에 임명되었고, 이후 명나라를 제집 문지방 넘나들듯 드나들었다.

　　두 나라는 상대국에 전달할 외교적 사안이 생기면 한확을 심부름꾼으로 자주 이용하였다. 명나라 영락제는 한확이 중국에 올 경우 매번 밥을 같이 먹을 만큼 흉금을 터놓았다. 이것은 그가 손위와 손아래 누이를 명나라 황궁에 공녀로 보내, 영락제와 선덕제, 2대에 걸쳐 '황제의 처남'이 되었기 때문에 가능했다.

　　세종 11년(1429), 한확은 명나라에서 귀국하며 끌려갔던 공녀들이 건네준 편지를 가지고 왔다. 편지에는 글과 함께 공녀의 머리카락이 들어 있었다. 그러자 친족들은 "평생토록 상견할 것은 다만 이 머리털뿐이다"라고 한숨지으며 울먹였다.

　　어린 딸을 공녀로 빼앗긴 고려와 조선의 여염집 모습은 대개 이러하였다. 곱디고운 얼굴을 고의로 상하게 하는 일도 있었고, 심지어 끌려가다 우물에 몸을 던지는 동녀도 있었다.

　　이 책은 그렇게 처절하면서도 권력의 음습한 그림자가 어슬렁거리는 우리나라 공녀의 역사를 대중서의 형식을 통해 통사적으로 살펴보고자 했다. 다만 역사서와 대중서의 성격을 동시에 만족시키기 위해 몇 가지 원칙을 세웠다.

① 공녀사를 보다 쉽게 알리기 위해 동아시아 역사에 오랫동안 존재했던 종주국과 번속국 사이의 조공과 책봉 관계를 먼저 다뤘다.

② 우리나라 공녀는 삼국시대부터 존재했으나 지금까지 거의 다뤄지지 않았다. 그래서 고려 이전의 공녀사에 대해서도 살펴보고자 했다.

③ 공녀라는 소재는 그 자체가 눈물샘을 자극하는 내용이 많아 감성적인 감정에 빠지기 쉽다. 객관성을 유지하기 위해 원문에 충실했고, 그 해석도 역사과학의 범주를 벗어나지 않았다.

④ 사료 원문은 고어체라 접근이 쉽지 않다. 이를 보완하기 위해 주목할 부분에는 밑줄을 그어 집중도를 높였다.

⑤ 독자의 편의를 위해 각주를 달아야 할 부분도 모두 문장 안에서 소화해 본문 아래를 보지 않아도 되도록 했다.

⑥ 생동감 있는 전달을 위해 미시사를 쓴다는 자세를 줄

곧 유지하여 역사의 현미경을 휴대했다는 느낌을 가질
수 있게 하였다.

'공녀·환향녀·일본군 위안부'

이들의 공통점은 우리나라 여인의 성(性)이 희생되었다
는 것이다. 이역 하늘에서 온갖 고초를 겪었을 분들께 이 책을
바치고 고개 숙이는 바이다. 졸고 논문을 출간하자고 권유하
고, 늦어지는 원고를 계절이 몇 번 바뀌는 동안 기다려 준 세창
미디어 여러분께 진심으로 감사드린다.

2019년 12월

조혁연

차례

들어가며 _4

(1장)   동아시아 조공질서

화이관, 조공질서를 만들어 내다 _13
한족도 한때는 흉노에 조공하였다 _17

(2장)   삼국시대 공녀

고구려 고국원왕, 스스로 신하 됨을 칭하다 _23
벽화로 본 고구려·신라·백제의 조공사절 _26
장수왕의 남진정책과 북위의 공녀 요구 _30

(3장)   고려시대 공녀

원나라 사신 저고여의 피살과 공녀 요구의 시작 _35
고려 조정, 공녀 선발을 위해 국가 기구를 설치하다 _38
공녀를 기피하는 그 처절한 모습들 _42
공녀를 바라보던 고려 지식인의 이율배반 _46
공녀를 출세를 위한 뇌물로 바치다 _51
공녀 예방책, 일부다처를 주장하다 _55
고려 공녀, 얼마나 많이 끌려갔을까 _59
몽골에는 '고려양', 고려에는 '몽골풍' _64
원나라 시에 등장하는 고려 공녀의 아름다움 _72

4장 조선시대 공녀

명 태조 주원장은 왜 조선 왕실과 정략결혼을 추진했을까 _81
1차 공녀, 그녀들은 왜 모두 후궁이 됐을까 _85
2차 공녀 정씨 처녀, 불행을 면하는가 했지만 _98
3차 공녀와 임신 경험이 있던 황씨 _101
1~3차 공녀의 비극적인 죽음과 '어여의 난' _105
4차 공녀, 명나라행 가마에 자물쇠가 채워지다 _112
오라비 출세욕의 희생양(?), 5차 공녀 한계란 _117
6·7차 공녀에는 왜 어린 집찬녀가 많았을까 _121
태종~세종 대의 공녀 일부, 고국으로 돌아오다 _126
공녀 소문에 다시 전국적인 대소동이 일어나다 _129
공녀 차출 소문, 현실이 되다 _133
불쌍한 효종 대 공녀 '의순공주' _138

5장 국내의 「황친」과 그 대우

현인비 오라비 권영균 _148
순비 아버지 임첨년 _151
소의 오라비 이무창 _154
미인 아버지 최득비 _156
정씨 아버지 정윤후 _158
두 한씨의 오라비 한확 _160
오씨의 아버지 오척 _164

나가며 _173

1장

동아시아 조공질서

조공과 책봉질서는 종주국인 중국에게는 그들이 「세계 문명의 중심」이라는 우월성을, 주변국에는 국가안보장과 경제·문화 교류라는 실리를 안겨주었다. 그러나 여기서 파생된 고려-조선시대의 공녀제도는 우리의 어린 소녀들이 대거 희생되어야 했던 반인권의 역사 그 자체였다.

화이관, 조공질서를 만들어 내다

　　　　중화민족(한족)은 화이관을 만들었고, 그를 바탕으로 동아시아에는 조공질서가 만들어졌다. 그리고 그 조공질서 아래에서 인간 공물인 공녀(貢女) 제도가 등장하였다. 그러므로 공녀사(貢女史)를 다루기에 앞서, 화이관과 조공질서에 대해 살펴보자. 공녀 제도의 바탕이 된 화이관은 만리장성을 기준으로 중국 대륙을 중화민족(華)의 영역과 오랑캐족(夷)의 영역으로 나눈 이분적인 세계관이다.

　　　본래 오랑캐족은 북만주 흑룡강 일대의 깊은 삼림 지대에서 수렵 생활을 하던 오리양히(Oriyanghai)족을 지칭하였다. 중화민족은 이런 오리양히족에서 야만과 미개를 상징하는 의

미로 '오랑캐'라는 개념을 도출하였다.

역사적으로 흉노·거란·여진 등 중국의 북방 오랑캐족 (북방 민족)은 국력이 커지면 살기 좋고 물산이 풍부한 중화민족의 영역을 자주 넘보았다. '하늘이 높고 말이 살찐다'는 뜻인 천고마비(天高馬肥)는 본래 북방 오랑캐의 한 부류인 흉노족이 가을에 약탈을 많이 했음을 표현하는 말이었다. 공자(孔子)가 활동하던 춘추전국시대에 한족이 세운 나라들은 각각 북쪽 변경

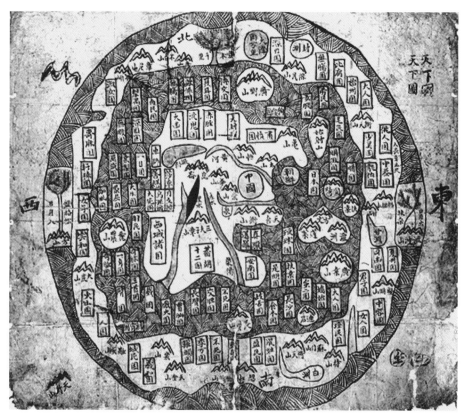

《천하도》(작자 미상, 조선 후기)

에다 장성을 쌓기 시작하였고, 진나라의 시황제(始皇帝, 기원전 259~기원전 210)는 천하통일을 이룩한 이후 그 장성을 증축하고 연결하여 만리장성(萬里長城)을 완성시켰다.

이후 만리장성 북쪽은 북쪽 오랑캐라는 뜻인 북적(北狄)이 됐고, 그 개념은 동이(東夷, 우리나라), 남만(南蠻, 베트남), 서융(西戎, 티베트) 등으로 확대되었다. 이것은 중국(中國)이 세상의 중심이라는 뜻을 전제로 한 것으로, 주변 민족과 국가에 대한 우월의식의 바탕이 되었다.

화이관은 의식(衣食) 개념에도 영향을 줬다. 한족은 자신의 음식을 익혀 먹고(火食), 쌀밥을 먹으며(粒食), 머리를 묶고 관대를 착용하는(束髮冠帶) 등의 특징을 문명적으로 우월하다고 생각하였다. 반면 주변 오랑캐족의 날음식을 먹고(不火食), 쌀이 아닌 잡곡을 먹으며(不粒食), 산발을 하고 옷깃을 좌로 여미는(被髮左衽) 등과 같은 특징은 미개하다고 여겼다. 조공과 책봉관계도 이런 화이관에서 출발하였다.

조공(朝貢)은 중국 주변에 있는 나라들이 정기적으로 종주국인 중국에 사신을 파견하여 예물을 바치던 행위를 일컫는다. 그리고 중국 천자가 주변 국가의 특정 인물을 우두머리로 임명한 후 그와 군신관계를 맺는 것을 책봉(冊封)이라고 한다. 조공-책봉 체제는 본래 주나라(周)가 자국 영토 안에 적용하던 개념이었다. 천자를 자처했던 주왕은 친족이나 공신을 영토 내 제후(諸侯)로 임명하고 조공과 책봉관계를 맺었다.

이것을 중국과 주변국 간의 외교역학관계로 확대·적용한 인물이 바로 한 무제(武帝, 기원전 141~기원전 87)였다. 유교를 통치이념으로 삼은 한 무제는 조공과 책봉관계를 주변 오랑캐 국가에 적용하였다. 그는 지리적으로 직접 지배가 불가능한 주변국의 존재를 현실적으로 인정하고 그들과 군신관계를 맺었다.

조공과 책봉질서는 종주국인 중국에게는 그들이 '세계 문명의 중심'이라는 우월성을, 주변국에는 국가안보 보장과 경제·문화 교류라는 실리를 안겨 주었다. 그러나 여기서 파생된 고려~조선시대의 공녀제도는 우리의 어린 소녀들이 대거 희생되어야 했던 반인권의 역사 그 자체였다.

한족(漢族)도 한때는 흉노에 조공하였다

중국 대륙 최초의 통일국가인 진나라(秦, 기원전 221~기원전 206)는 오래가지 않았다. 진나라는 최초로 만리장성을 쌓았으나, 그를 위한 가혹한 노동력 동원은 도리어 국가 멸망의 원인이 됐다. 이후 분열되어 있던 대륙은 한 고조 유방(劉邦, ?~기원전 195)이 기원전 202년, 해하(垓下, 지금의 안후이성)에서 천하를 양분하던 초패왕(楚覇王) 항우(項羽, 기원전 232~기원전 202)를 물리치면서 통일되었다. 그러나 만리장성 북방에는 여전히 강한 전투력을 지닌 흉노족이 남아 있었다.

당시 한나라 군대는 항우와 서로 대치하느라 중국이 전

란으로 피폐해져 있었기 때문에 묵돌(冒頓)이 스스로 강
성해질 수 있었고, 활시위를 당길 수 있는 군사만도 30
여 만에 달했다.

_『사기』, 흉노열전

묵돌(혹은 묵특)은 흉노의 '선우', 즉 왕의 이름이다. 한나
라의 유방과 흉노의 묵돌 군대는 평성(平城)의 백등산(白登山)에
서 격돌하였다. 묵돌의 군대는 거짓으로 싸움에 져 달아나는 척
하며 한나라 군대를 유인하였다. 한나라는 보병 32만 명의 전군
을 투입하여 달아나는 흉노의 군대를 쫓아 백등산에 이르렀고
묵돌은 한나라 보병이 다 도착하기 전에 정예기병 40만 명을 풀
어 한나라 군대를 7일 동안 포위하였다. 고립무원의 상태에 빠
진 유방은 묵돌 진영에 사신을 보내 형제의 맹약을 맺었다.

① 만리장성을 양국의 경계로 삼는다.
② 상호 형제관계를 맺는다.
③ 한나라 공주를 흉노왕에게 시집보낸다.
④ 매년 흉노에게 옷감과 음식을 보낸다.

유방은 '가식(家食, 여염집 처녀)'을 공주라 속여 흉노에게

보내야 했고 이후 한나라는 매년 선우 묵돌의 흉노족에게 옷감과 음식 등의 물자를 꼬박꼬박 보내야 했다. 뿐만 아니라 선우 묵돌은 한 고조 유방이 죽자 그의 미망인 여후(呂后, 기원전 241~기원전 180)에게 성희롱에 가까운 편지를 만리장성 너머로 보내기도 했다. 이른바 농서(弄書) 사건이다.

> 나는 외로운 군주로서 습한 소택지에서 태어나 소와 말이 가득한 들판에서 자라났소. 여러 차례 변경에 가보았는데 중국에 가서 놀고 싶은 희망이 있었소. 이제 그대도 홀로 되어 외롭게 지내고 있으니, 우리 두 사람이 모두 즐겁지 않고 무엇인가 즐길 것이 없는 듯하오. 그러니 각자 갖고 있는 것으로 서로의 없는 것을 메워 봄이 어떻겠소?
>
> _『사기』 권9, 여태후본기

흉노에 대한 한나라의 저자세는 1백 년 가까이 지속되었다. 한 무제가 제7대 황제에 오르면서 흉노를 외몽고 지역으로 내쫓은 후에야 흉노에 대한 굴신(屈伸)을 끝낼 수 있었다. 이처럼 우위관계는 때에 따라 변동되었지만, 조공질서란 동아시아의 기본질서는 기원전부터 확립되어 지속되었다.

2장

삼국시대 공녀

고국원왕은 그로부터 2년 후, 어머니를 되찾기 위해 전연에 또다시 비싼 대가를 제공해야 했다. 그는 전연에 조공을 바쳐야 했고, 거기에는 사람도 포함돼 있었다. 사람이 공물에 포함된 것은 이때가 처음으로 이는 다분히 인질의 성격을 지니고 있었다.

고구려 고국원왕, 스스로 신하 됨을 칭하다

_____고구려·백제·신라 삼국은 중국 남북조와 다자간 조공 외교를 추구하였다. 삼국은 중국 남북조의 동진·송·남제·양·진·수나라 등에 조공 사신을 파견하였고, 백제와 신라는 일본과도 사신 교류를 하였다.

고구려 고국원왕(故國原王, 331~371) 대에 선비족의 일파인 전연의 모용황(慕容皝, 297~348)이 고구려의 수도인 국내성을 침입하였다. 그리고 고국원왕을 생포하지 못하자 부왕인 미천왕의 묘를 파헤쳐 시신을 꺼내고 왕모, 왕비 등을 포함한 수만여 명을 인질로 잡고 철수하였다.

모용황이 돌아가려 하는데 한수(韓壽)가 말하기를 "고구려 땅은 지킬 수 없습니다. 지금 그 왕은 도망하고 백성은 흩어져 산골짜기에 들어가 숨어 엎드려 있습니다. 대군이 돌아가면 반드시 다시 모여들어 남은 불씨를 거둘 것이니 오히려 걱정거리가 될 것입니다. 그의 아버지의 시신을 싣고, 그의 친어머니를 인질로 잡아 돌아가서 몸을 묶고 스스로 항복해 오기를 기다린 후에 돌려주기를 청하옵니다. 은덕과 신뢰로 무마하는 것이 상책이옵니다" 하였다. 모용황이 그 말에 따라 미천왕의 무덤을 파서 그 시신을 싣고, 창고 안에 있던 여러 대의 보물을 약탈하고, 남녀 5만여 명을 사로잡고 …

_『삼국사기』 권18, 고구려본기 고국원왕 12년

고국원왕이 단웅곡(斷熊谷)이라는 골짜기로 피신해 있다가 돌아와 보니 환도성은 허물어져 있었고, 궁궐은 화재로 폐허로 변한 후였다. 이때가 고국원왕 12년(342) 겨울이었다. 고국원왕은 이듬해 봄이 찾아오자 아버지의 유해 찾기에 나섰으나 그 대가는 매우 비쌌다.

13년 봄 2월에 왕이 그의 동생을 연(燕)에 보내 신하를

칭하며 조회하고, 진기한 물건 천여 점을 바쳤다. 연왕
모용황이 이에 그 아버지의 시신을 돌려보내고 …
_『삼국사기』 권18, 고구려본기 고국원왕 12년

그러나 고국원왕의 어머니 주씨(周氏)는 고구려로 돌아
오지 못하고 인질로 남았다. 고국원왕은 그로부터 2년 후, 어
머니를 되찾기 위해 전연에 또다시 비싼 대가를 제공해야 했
다. 그는 전연에 조공을 바쳐야 했고, 거기에는 사람도 포함돼
있었다. 사람이 공물에 포함된 것은 이때가 처음으로 이는 다
분히 인질의 성격을 지니고 있었다.

통일신라는 신문왕 2년에 국립대학 성격의 국학(國學)을
설립했으나 교재로 쓸 책이 크게 부족한 상태였다. 이에 신문
왕은 조공 사신을 당나라에 파견해『예기(禮記)』와 문장에 관한
책을 요청했고, 측천무후(測天武后, 624~705)는『길흉요례(吉凶要
礼)』등 규범이 될 만한 책 50권을 보냈다.

I

벽화로 본 고구려·신라·백제의 조공사절

　　　삼국시대의 중국행 조공 사신을 그린 그림은 국내에서
는 찾을 수 없다. 따라서 나라 밖에서 관련 자료를 찾아야 한
다. 삼국시대 우리나라 사신을 그린 그림으로는 양나라의 《양
직공도(梁職貢圖)》, 당나라의 《장회태자묘(章怀太子墓) 벽화》와 당
나라 염립본(閻立本)이 그린 《왕회도(王會圖)》 등이 있다. 이 세
그림은 동아시아의 당시 외교구도뿐만 아니라 복식사 연구에
도 큰 도움이 된다. 《양직공도》는 중국 양나라를 찾아온 백제
사신을 그린 그림이라는 뜻이다. 《장회태자묘 벽화》는 장회태
자(654~684)의 죽음을 애도하기 위해 당나라를 방문한 신라(혹은
고구려) 등 주변국의 조문 사신을 그린 벽화로 중국 섬서성(陝西

省)의 건릉에 위치한다. 《왕회도》는 당나라를 방문한 고구려·백제·신라의 사신을 그린 화첩이다.

《양직공도》

《장회태자묘 벽화》

《왕회도》의 고구려 사신

《왕회도》의 백제 사신

《왕회도》의 신라 사신

《양직공도》의 백제 사신은 관모의 일종인 절풍(折風), 오른쪽으로 여민 옷깃, 소매가 넓고 무릎까지 내려오는 두루마기, 폭이 넓은 바지, 검은 신 등의 복장을 착용하였다.

《장회태자묘 벽화》의 신라(일부에선 고구려 사신이라 주장) 사신 복장은 옷깃을 오른쪽으로 여미었고, 관고(寬袴, 통이 넓은 바지)를 입었으며, 두루마기 끝을 홍색 옷감으로 처리하였다. 《장회태자묘 벽화》 속 사신의 국적에 대해 신라 혹은 고구려의 논쟁이 일어나는 것은 관모의 모습 때문이다. 신라의 귀족들은 전통적으로 머리에서 내려오는 끈의 중앙을 잘라 귀가 밖으로 돌출되는 관모를 착용하였다. 반면 고구려 귀족들은 새의 깃을 머리에 꽂는 조우관(鳥羽冠)을 썼고, 그 깃 수의 많고 적음은 계급의 높고 낮음을 나타냈다. 그런데 《장회태자묘 벽화》 속 사신의 모습은 이 두 요소를 모두 지니고 있어 국적 논쟁이 벌어진 것이다.

《왕회도》의 고구려 사신은 전체 26명 사신 가운데 열다섯 번째 자리에 있다. 복장은 오른쪽으로 여민 옷깃, 머리에는 조우관, 붉은색 계열이면서 문양을 넣은 긴 두루마기, 초록색에 붉은 옷감을 덧댄 통 넓은 바지, 황색의 혁대, 흑색의 목이 높은 신발(靴) 등의 복장을 하였다. 백제 사신은 전체 사신 가운데 네 번째, 삼국 중에는 첫 번째로 묘사되어 있다. 백제 사신은 오른쪽으로 여민 옷깃, 검은색 관모, 초록색에 문양을 넣은

긴 두루마기, 황색 계열에 노란색을 덧댄 통 넓은 바지, 흑색의 목이 높은 신발을 착용하였다. 신라 사신은 전체 26명 사신 가운데 열일곱 번째, 삼국 중에는 가장 마지막에 위치한다. 모습은 고구려·백제 사신과 다르게 머리를 어깨 너머로 길게 풀어 내리고 관모를 착용하였다. 그리고 오른쪽으로 여민 옷깃, 상대적으로 약간 짧은 두루마기, 흑색의 목이 높은 신발 등의 복장을 착용하고 있다.

이상에서 살펴본 바와 같이 중국으로 건너간 삼국의 사신은 오른쪽으로 여민 옷깃, 대체로 긴 두루마기, 통 넓은 바지, 목 높은 신발 착용 등 공통 요소를 많이 지녔다. 따라서 고대 삼국 사람들의 복장은 매우 비슷했을 것으로 추정할 수 있다. 다만 《왕회도》의 신라 사신은 화랑 출신일 가능성이 있어 여러 해석을 낳고 있다.

장수왕의 남진정책과 북위의 공녀 요구

　　고구려 광개토왕(374~412)의 독자적인 천하관은 그리 오래 지속되지 않았다. 광개토왕을 이은 장수왕(長壽王, 413~419)은 북위(北魏)에 수시로 조공하였고, 거기에는 사람도 포함돼 있었다. 우리 역사에서 공녀가 문헌기록에 처음 등장한 것은 바로 고구려 장수왕 대이다. 북위의 문명태후(文明太后, 442~490)는 서기 466년 고구려 장수왕에게 공주를 공녀로 보낼 것을 요구하였다. 고구려는 "공주가 죽었다"며 일단 버텼다.

　　왕이 드디어 글을 올려 그 여자가 죽었다고 설명하였다. 위는 그것을 거짓이라고 의심하고 가산기상시(假散騎常

侍) 정준(程駿)을 보내 심히 꾸짖으며 "만일 그 여자가 참으로 죽었다면, 종실의 딸을 다시 골라서 보내라"고 하였다.

_『삼국사기』권18, 고구려본기 장수왕 54년 봄3월

공녀를 둘러싼 고구려와 위나라의 신경전은 현조가 갑자기 죽으면서 없던 일이 되었다. 우리나라 여자가 중국 황실에 공녀로 실제 처음 진헌된 것은 통일신라 성덕왕(聖德王, 702~737) 대였다. 그러나 당시의 공녀는 당나라 황실이 강압적으로 요구한 것이 아니라 성덕왕이 외교의 한 수단으로 바친 자발적 공녀였다.

22년 봄 3월에 왕이 당에 사신을 보내 미녀 2명을 바쳤다. 〈미녀 가운데〉 한 명은 이름이 포정(抱貞)이며 아버지는 나마(奈麻) 천승(天承)이었고, 또 한 명은 이름이 정완(貞菀)이며 아버지는 대사(大舍) 충훈(忠訓)이었다. 의복, 그릇, 노비, 수레와 말을 주어 예와 자태를 갖추게 하여 보내었다.

_『삼국사기』권8, 신라본기 성덕왕 22년 봄3월

성덕왕은 나당전쟁으로 악화된 양국의 관계를 회복하기 위해 당나라에 사신을 40여 회나 파견하였다. 이는 삼국통일 후 가장 많은 기록으로 당시의 공녀 진공(進貢)도 이 같은 의도로 이뤄졌다. 그러나 성덕왕의 진공은 당나라 현종이 측은지심을 발휘, 두 공녀를 신라로 돌려보내며 종결됐다. 이상에서 보듯 삼국~통일신라시대의 공녀는 수가 비교적 적고, 강압에 의해서 발생하지는 않았다.

3장

고려시대 공녀

공녀로 선발된다는 것은 태어난 곳을 뒤로 하는 것은 물론, 가족과의 기약 없는 생이별을 의미하였다. 따라서 고려사회에서 공녀라는 말은 공포 그 자체였고, 당연히 누구라도 공녀로 선발되는 것을 피하려 했다. 때문에 고려 조정은 공녀를 강제적으로 선발할 수밖에 없었다.

원나라 사신 저고여의 피살과 공녀 요구의 시작

1206년 칭기즈칸(成吉思汗, 1162~1227)이 몽골의 칸으로 추대되면서 동북아시아에는 전운이 감돌기 시작하였다. 1216년에는 거란군이 몽골군에 쫓겨 압록강을 건너 강동성(江東城, 지금의 평안남도 강동)까지 침입하였다. 이에 고려와 몽골은 연합군을 결성하고 거란군을 소탕하였다. 전쟁이 끝난 후 몽골은 고려에 형제관계를 강요하였고, 국력이 열세였던 고려는 이에 응하지 않을 수 없었다.

형제맹약에 대한 두 나라의 해석은 달랐다. 고려는 단순히 조공하는 관계로 생각했다. 반면 몽골은 투배(投拜), 즉 투항해서 복종했다는 뜻으로 해석하였다. 그때부터 몽골은 고려가 감당하기 힘든 공물을 요구하기 시작하였고, 사신도 자주 압록강을 넘어 왔다. 1221년(고종 8) 고려에 온 몽골 사신 저고여(著古與, ?~1225년)는 수달피(獺皮) 1만 장, 가는 명주(細紬) 3천 필, 가는 모시(細苧) 2천 필, 솜(綿子) 1만 근, 용단먹(龍團墨) 1천 정, 종이 1만 장, 자초(紫草) 5근 등의 공물을 요구하였다. 뿐만 아니라 전년도에 받았던 명주가 품질이 떨어진다며, 왕 앞에 집어 던지고 연회에도 불참하는 등 매우 무례하게 굴었다. 그러다가 고종 12년(1225), 몽골 사신 저고여가 공물을 가지고 가던 중 압록강 부근에서 피살되는 사건이 일어났다. 당시 저고여는 비단은 모두 들판에 버리고 수달가죽만 가지고 가던 중이었다. 고려는 여진족의 짓이라고 주장했으나 몽골은 고려인 소행이라고 윽박하였다. 그리고 이를 트집 잡아 고종 18년 12월에 말(馬) 2만 마리와 함께 공녀 1천 명을 처음 요구하였다.

너희는 관마(官馬) 중에서 선별하여 대마(大馬) 1만 필, 소마(小馬) 1만 필을 가지고 오라. 〈왕족인〉 공주·대왕 등과 군주(郡主)들은 남아 1천 명을 황제께 진상해야 할 것이다. 그 밖에 대관인(大官人)들의 여아들도 역시 보내야 할 것이다. 너의 태자(太子)·장령(將領)·군(君)들의 아들, 아울러 대관인의 남아 1천 명을 요구한다. 여아 역시

1천 명을 황제께 인질로 진상해야 할 것이다. 네가 이 일을 합당하게 빨리 처리하고 네가 이후에 〈이 일을〉 일찍 끝내면 너의 백성과 강토가 평온하고 화평할 것이다. 이 일을 합당하게 완수하지 않으면 너는 항상 잠자리에서도 근심할 것이다.

_『고려사』 권23, 세가 고종 18년 12월

몽골이 고려에 공녀를 요구한 것에는 다소 복합한 배경이 있었다. 그 배경으로는 ① 고려의 저항의지 무력화 차원, ② 항복한 남송(南宋) 군사들에 대한 위무책, ③ 원 왕실의 부족한 일손 해결, ④ 원 귀족·고관들의 성적 욕구 해소 등이 꼽힌다. 『고려사』는 이 가운데 ②와 관련하여 "남송 양양부에 새로 편성된 군인들이 처를 구하기 때문에, 선사(宣使) 초욱을 파견하여 관청 소유의 견(絹) 1,640단(段)을 가지고 고려국에 가게 하니 유사(有司)는 관원을 파견하여 함께 처가 될 여자들을 구하도록 시행하십시오"라고 기록하였다. 이에 대해 고려 정부는 과중함을 호소했으나 수용되지 않았고, 원나라 사신은 공녀를 데려가기 위해 수시로 압록강을 넘나들었다.

고려 조정, 공녀 선발을 위해 국가 기구를 설치하다

　　　　공녀로 선발된다는 것은 태어난 곳을 뒤로 하는 것은 물론, 가족과의 기약 없는 생이별을 의미하였다. 따라서 고려사회에서 공녀라는 말은 공포 그 자체였고, 당연히 누구라도 공녀로 선발되는 것을 피하려 했다. 때문에 고려 조정은 국가 차원의 기구와 제도를 만들어 공녀를 강제적으로 선발할 수밖에 없었다. 『고려사』 등 역사문헌에는 공녀 차출과 관련된 국가 기구와 제도로 ① 결혼도감, ② 과부처녀추고별감, ③ 처녀등록제, ④ 금혼령 등이 차례로 등장한다. 『고려사』의 관련 내용은 다음과 같다.

① 초욱이 남편 없는 부녀자 140명을 뽑으라고 급하게 독촉하므로, 결혼도감(結昏都監)을 설치하고 이때부터 가을까지 민간에서 홀어미, 역적의 처, 승려의 딸을 샅샅이 찾아내어 겨우 그 수를 채우자 원성이 크게 일어났다. … 통곡 소리가 하늘에 진동하였고, 보는 사람도 슬퍼서 탄식하지 않는 자가 없었다.

_『고려사』 권27, 세가 원종 15년 3월

② 갑자 원(元)에서 양중신(楊仲信)을 파견하여 폐백을 가지고 와서 귀부군(歸附軍) 500인의 아내를 구하게 하였다. 왕이 과부처녀추고별감(寡婦處女推考別監)인 정랑 김응문(金應文) 등 5인을 여러 도(道)로 파견하였다.

_『고려사』 권28, 세가 충렬왕 2년 윤3월

③ 기사 왕이 교지(敎旨)를 내리기를, "양가(良家)의 처녀는 먼저 관청에 신고한 뒤에 혼인하고, 위반하는 자는 처벌하라"라고 하고, 허공(許珙) 등에 명령하여 어린 여자(童女)를 선발하게 하였다.

_『고려사』 권30, 세가 충렬왕 13년 12월

④ 계유 전왕(前王)이 도평의사사(都評議司使)에 명하여 나이 16세 이하, 13세 이상의 여자는 함부로 혼인하지 못하게 하고, 반드시 관(官)에 보고한 후에 혼인을 허락하며, 어기는 자는 벌 주라고 하였다.

_『고려사』 권32, 세가 충렬왕 33년 9월

고려 조정은 처음에는 홀어미, 역적의 처, 승려의 딸 등 이른바 천민층에서 공녀를 구하였다. 그러나 시간이 지나면서 공녀의 대상은 과부 처녀→양가 처녀→13세 이상~16세 이하로 확대되었다.

다양한 정책을 실시했음에도 불구하고 공녀 선발이 어려움에 봉착하자 고려 조정은 지금의 경찰 격인 순마소를 통해 어린 여자들을 물색하기 시작하였다. 이곡(李穀, 1298~1351)은 원나라에 올린 상소문에 "원나라 사신이 오면 개나 닭도 편하지 못하다"라고 하였다.

매번 중국에서 사신이 오면 … 군리(軍吏)들이 사방으로 나가 집집마다 수색하는데, 만약 혹시라도 〈딸을〉 숨기기라도 하면 그 이웃을 잡아 가두고 그 친족을 구속해서는 채찍으로 때리고 괴롭혀서 〈딸들이〉 나타난 뒤에야

그만둡니다. 사신이 한번 오게 되면 나라가 온통 소란스러워져서 비록 개나 닭이라도 편안하지 못합니다.

_『고려사』권109, 열전 제신 이곡

공녀를 기피하는 그 처절한 모습들

원나라 사신 두 명이 충렬왕 원년(1275)에 고려를 방문하였다. 그러자 충렬왕은 선의문까지 나가 이들을 직접 맞이하였다. 개성 서쪽에 위치했던 선의문(宣義門)은 당시에 가장 크고 화려했던 문으로, 원나라 사신에 대한 영접과 배웅은 주로 이곳에서 이뤄졌다. 원나라 사신은 공녀에 대한 외교문서를 가지고 왔다. 원나라는 공녀를 요구하는 이유로 고려가 부마국이 된 점, 속국이 된 나라는 모두 미녀와 말(馬) 등을 바친 점을 제시하였다. 이는 억지와 강압의 논리였다.

원나라 사신이 왔다는 소문이 돌면 나라 안 분위기는 을씨년스럽게 변했다. 백성들은 한번 집 문을 나서면 죽을 때까지 돌아오지 못한다는 것을 주변의 사례를 통해 잘 알고 있었다. 이곡의 상소문은 공녀 선발로 인한 혈육 간의 생이별을 '공녀 선발에 들어가면 부모와 친척들이 서로 모여 울었고 이때 그 울음소리가 밤낮으로 끊이지 않았다. 도성(都城)의 문에서 보낼 때에는 옷자락을 붙잡고 넘어지기도 하고 길을 막고 울부짖으며 슬프고 원통해하였다'라고 기록하였다.

따라서 민가에서는 공녀의 선발을 피할 수만 있다면 어떤 행동도 마다하지 않았다. 그 갖가지 행동으로는 조혼은 기본이고, ① 예서제, ② 딸 숨기기, ③ 긴급한 결혼식, ④ 자결 등이 있었다.

① 이 달에 탈타아(脫朶兒)가 아들을 위하여 며느리를 구하는데 반드시 재상 가문에서 보려고 하자, 딸이 있는 집안에서는 두려워하며 다투어 먼저 사위를 들였다. … 고려(高麗)의 풍속에 나이 어린 사람을 데려다가 집안에서 길러 나이가 차면 사위로 삼는 것을 데릴사위라고 하였다.

_『고려사』권27, 세가 원종 12년 2월

② 풍문으로 들으니, 고려 사람들은 딸을 낳으면 바로

숨기고 오직 드러날까 걱정하며, 비록 이웃이라도 볼 수
없게 한다고 합니다. … 이윽고 군리(軍吏)들이 사방으로
나가 집집마다 수색하는데, 만약 혹시라도 〈딸을〉 숨기
기라도 하면 그 이웃을 잡아 가두고 그 친족을 구속해서
는 채찍으로 때리고 괴롭혀서 〈딸들이〉 나타난 뒤에야
그만둡니다.

_『고려사』 권109, 열전 제신 이곡

③ 공양왕 3년(1391) 11월, 민간에 뜬소문(訛言)이 퍼지기
를, 중국 황제의 사신(帝使)이 동녀(童女)를 구하러 온다고
하였다. 온 나라가 의심하고 두려워하여 딸을 시집보내
는 집들이 줄줄이 등불을 켜서 길거리와 마을을 밝게 밝
혔으며(輝暎), 예(禮)를 다 갖추지도 못하고 혼인(婚姻)을
올리는 자는 이루 다 헤아릴 수가 없을 정도였다.

_『고려사』 권54, 지 유언비어

④ 그중에는 우물에 몸을 던져 죽는 자도 있고 스스로
목을 매는 자도 있으며, 근심과 걱정으로 기절하는 자도
있고 피눈물을 쏟다가 눈이 멀어 버리는 자도 있는데,
이러한 예들을 이루 다 기록할 수 없습니다.

　　옥저에 예부제(豫婦制), 즉 며느리를 미리 데려와서 성장시킨 후 결혼하는 제도가 존재하였던 것처럼 이렇게 고려에도 그 성격이 비슷한 예서제(豫壻制), 즉 사위를 미리 데려와 성인이 된 후 결혼하는 제도가 일시적으로 존재하였다. 이런 예서제는 원나라 간섭기에 딸을 공녀로 보내지 않으려고 일찍 결혼시키는 제도로 활용되었다.

공녀를 바라보던 고려 지식인의 이율배반

　　　　고려 무신정권 시기의 특수군대인 삼별초는 고려 정부가 강화도에서 개경으로 환도하려 하자 동의할 수 없다며 반란을 일으켰다. 이후 진도로 내려간 그들은 1271년 연합군(고려+원나라군)에 쫓기면서 거점을 탐라(제주도)로 옮겼다. 이에 고려 정부는 이듬해 김찬·이소·오인절·환문백 등을 탐라로 보내 그들을 설득하려 했으나 이들은 도리어 억류되었다. 4인 중 김찬을 제외한 나머지 3인은 삼별초군에 의해 살해되었다. 김찬이 목숨을 건질 수 있었던 것은 삼별초의 지도자 김통정이 그의 삼촌이었기 때문이었다. 김찬의 그후 행적은 알려진 것이 별반 없다. 다만, 그가 지은 「동녀시(童女詩)」가 『동문선(서거정,

1478)』에 전해진다.

사해가 모두 따라서 한 집이 되니

四海遑遑枕一家

칙명으로 동토에서 궁녀를 바치라 한다

勅令東土進宮娥

워낙 규중에 은밀히 감추었던 몸이라

閨居恐未藏身密

더구나 관에서 선발할 제 여러 눈 어이 거칠꼬

官選那堪閱眼多

시름겨운 두 눈썹은 내리깐 채 푸르고

薄掃愁眉兩斂翠

억지로 쳐든 얼굴 부끄러워 홍당무

强擡羞面十分酡

울며 나무를 하직하는 어리디 어린 꾀꼬리요

稚鶯欲囀辭深樹

날아서 깃 떠나는 젖먹이 제비 새끼들

乳燕將飛失舊窠

낭원에 옮긴 꽃은 금시 활짝 핀다지

閬苑移花開頃刻

월궁에 심은 계수는 무럭무럭 자라리

廣寒添桂養婆娑

가죽 수레에 실려서 천천히들 가거라

行須緩緩氈車載

준마들은 떠나려고 총총히 날뛰누나

欲發怱怱寶馬馳

부모 나라 멀어지니 혼이 끊어지누나

父母國遙魂正斷

제왕성이 가까와도 눈물 그냥 흐르리

帝王城近淚猶沱

붉은 사를 팔에 맨 두 은총 오롯하겠고

絳紗繫後專恩寵

동관을 주시거든 노래를 읊어야지

彤管貽來合詠歌

아들 낳아 기러기 중천에 솟 듯하고

生子若教鴻舉絶

후비도 되어 봉황의 울음에 화합하리

作妃當協鳳鳴和

하물며 지금은 황녀께서 하가하시니

矧今下嫁周姬在

피차에 황손들이라 남이 아니리

彼此皇孫正匪他

_『동문선』 제18권, 「동녀시」, 김찬

    중국 전설에 의하면 낭원은 곤륜산(崑崙山)에 있는 화원(花園)으로 신선이 살고 있다고 한다. 김찬의 시는 공녀에 대한 당시 고려 지배층의 의식을 여과 없이 보여 주고 있다. 그는 공녀로 차출돼 고려를 떠나는 어린 소녀를 '울며 나무를 하직하는 어리디 어린 꾀꼬리요 / 날아서 깃 떠나는 젖먹이 제비 새끼들'이라며 애처로워 하였다. 그리고 그 애처로움은 고려의 하늘이 멀어질수록 '부모 나라 멀어지니 혼이 끊어지누나 / 제왕성이 가까와도 눈물 그냥 흐르리'의 통절함으로 바뀌었다. 그러나 그 통절함은 거기까지였다. 그다음에는 '아들 낳아 기러기 중천에 솟 듯하고 / 후비도 되어 봉황의 울음에 화합하리'라는 내용이 이어진다.

    이는 원 황제의 태자를 낳아 이국에서 부귀영화를 누리라는 주문으로 기황후의 성공에서 비롯된 기대감이었다. 그래서 그의 시는 '하물며 지금은 황녀께서 하가하니 / 피차에 황손들이라 남이 아니리'로 끝맺고 있다. '하가'는 원나라 공주가 고려 왕실로 시집온다는 뜻이다.

고려의 피지배층은 공녀로 선발되면 우물에 뛰어들기까지 할 정도로 극심한 고통을 받았다. 이에 비해 고려의 지배층은 '잘하면 후궁이 돼 태자를 낳을 수도 있다'며 대국(大國)인 원나라에 대한 굴종 의식을 지니고 있었던 것이다.

공녀를 출세를 위한 뇌물로 바치다

_____원나라 간섭기의 고려 지배층은 친원세력이 대부분이었다. 이들 가운데에는 원나라에 기대어 고려와 고려인에게 해를 입히는 부원(附元)세력으로 기생하는 사람들이 많았다. 부원세력은 다시, ① 몽골의 고려 침략과 영토 점령에 적극적인 의지로 협조한 자, ② 원나라의 고려 내정간섭에 적극 협조해 사익을 취한 자 등으로 구분할 수 있다.

전자를 대표하는 인물로는 홍다구(1244~1291), 홍중희, 조휘와 탁청 등을 꼽을 수 있다. 홍다구는 몽골에서 태어난 고려인으로, 진도와 제주도의 삼별초 진압을 지휘하였고 일본 정벌에도 참여하였다. 홍중희는 홍다구의 아들로 원나라의 황태후가 절을 지을 때 백두산의 재목을 벌채해 수송하였다. 조휘는 쌍성총관부 총관이 된 인물로 고려 왕이 원나라에 보내는 선물을 약탈하기도 하였다. 탁청은 몽골군이 쳐들어오자 조휘 등과 함께 철령 이북 땅을 몽골에 바치고 쌍성총관부를 통치하였다.

후자를 대표하는 인물은 기철(?~1356), 고용보(?~1362), 최유(?~1364), 장인경, 권겸(?~1356), 노책(?~1356) 등이다. 기철은 기황후의 친오빠로, 이 같은 배경을 믿고 남의 토지를 빼앗거나 역모를 꾀하는 등 부원세력 가운데 가장 포악하게 행동하였다. 고용보는 원나라에 들어가 내시가 된 인물로, 고려를 방문할 때마다 온갖 횡포를 부리다가 정지상(鄭之祥, ?~?)에게 목숨을 잃었다. 최유는 공민왕을 폐위하기 위해 원나라 군사 1만 명을 거느리고 압록강을 건너 의주를 공격한 인물이다. 장인경·권겸·노책 등은 각각 ① 장인경은 원나라 고관, ② 권겸은 황태자, ③ 노책은 황제에게 자신의 친딸을 상납하고 대신 권력을 얻었다.

① 병술 중랑장(中郞將) 간유지(簡有之)를 원(元)에 파견하였다. 평장(平章) 아합마(阿哈馬)가 미녀를 구하자 홍원사(弘圓寺)의 진전직(眞殿直) 장인경(張仁冏)이 자기 딸을 데

려가라고 요청하여 간유지가 데리고 갔다. 이에 장인경을 낭장(郞將)으로 임명하니 당시 사람들이 딸을 팔아서 관직을 얻었다고 비난하였다. 아합마는 그 여자가 이름난 가문(名族) 출신이 아니라고 하여 받지 않았다.

_『고려사』 권29, 세가 충렬왕 6년 4월

② 복안부원군 권겸(權謙)이 원나라에 가서 황태자에게 딸을 바치니 원나라에서 그에게 대부감의 대감이란 벼슬을 주었다.

_『고려사』 권38, 세가 공민왕 1년 8월

③ 경양대군 노책(盧碩)이 원나라에 딸을 바치니 황제가 그에게 집현전 학사의 관직을 내려 주었다.

_『고려사』 권38, 세가 공민왕 3년 5월

『고려사』 임박 열전에 따르면 이런 일화도 존재한다. 공민왕 15년(1366), 원나라 사신 곽영석이 오자 고려 문신 임박(1327~1376)이 그를 영접하였다. 이때 곽영석이 "일찍이 고려의 산수(山水)가 빼어나고 아직도 기자(箕子)의 풍속이 남아 있다는 말을 들었는데, 원컨대 지도(地圖)·예악(禮樂)·관제(官制)를 보기를 원하오"라고 말하였다. 그러자 임박은 "우리나라 산수의 기이함을 알고자 하면 바로 상국(上國)의 황후(皇后)와 태자(太子)가 계시는데 어찌 산천의 수려한 기운을 타고 나지 않았겠는가?"라고 답하였다. 기황후의 고국인데, 어찌 아름답지 않겠냐는 뜻이었다.

이에 곽영석이 다시 무릎을 치며 "드디어 천하의 부모 마음으로 하여금, 아들 낳는 것을 중히 여기지 않고 딸 낳는 것을 중하게 여기게 하네"라고 읊조렸다고 한다. 곽영석은 고려 백성들의 고통을 아는지 모르는지 기황후가 원나라에서 출세한 이후 고국 고려에 딸 선호사상이 퍼지고 있다고 제멋대로 해석한 것이다.

공녀 예방책, 일부다처를 주장하다

　　　고려시대의 가족 제도는 성리학이 뿌리를 내린 조선 후기와는 사뭇 달랐다. 조선 후기가 가부장적 사회였다면, 고려시대는 성별의 차이가 크지 않은 양성평등적 사회였다. 따라서 고려시대의 가족제도는 일부일처제, 돌아가며 조상 제사 모시기, 자녀를 출생순서에 따라 호적에 올리기, 아들·딸 균등 상속 등이 보편적이었다. 이 같은 풍습은 조선 전기까지도 이어져 딸·사위·외손 등을 아들·손자 등 친손과 함께 족보에 올렸다.

　　　고려 후기의 문신으로 박유라는 인물이 있었다. 당시 고려의 인구는 남자가 적고 여성이 많았다. 그는 그 까닭을 '동방(東方)은 목(木)에 속하는데, 목의 생수(生數)는 3이고 성수(成數)는 8이다. 홀수는 양(陽)이요 짝수는 음(陰)이다. 우리나라 사람들이 남자가 적고 여자가 많은 것은 이수(理數)가 그러하기 때문이다'라고 해석하였다.

그는 이를 공녀 문제와 결부시켰다. 그는 고려의 어린 소녀들이 너무 많이 원나라에 공녀로 끌려가자 일부일처제를 없애고 일부다처제를 도입할 것을 상소하였다.

> 우리나라는 남자가 적고 여자가 많음에도 〈신분이〉 높은 자든 낮은 자든 한 명의 처를 얻는 데 그치고, 자식이 없는 자 또한 감히 첩을 둘 수 없습니다. 다른 나라 사람들이 온 이후로 처를 얻는 것에 정해진 한도가 없으니, 신은 인물들이 모두 북쪽으로 흘러 들어가게 될까 두렵습니다.
>
> _『고려사절요』 권19, 충렬왕 1년 2월

상소문은 원나라는 일부다처제를 하고 있는 데 비해 고려는 일부일처제라서 원나라 남자들은 고려에서 첩을 마음껏 징구하고 있으며, 이 영향으로 고려의 여자들이 원나라로 많이 끌려가 인구의 급감이 우려되고 있다는 내용을 담고 있다. 박유는 이에 대한 해답을 일부다처제에서 찾았다.

　　박유의 일부다처제 주장은 고려의 모든 성인 남성을 대상으로 한 것은 아니었다. 그는 일부다처제를 허락하되, 벼슬의 품관에 따라 그 수를 감하여 서민에 이르러서는 한 명의 첩을 허용하도록 했다. 즉 벼슬이 높으면 첩의 수를 더 많이 두도록 하는 이른바 역피라미드형 처첩제였다. 아울러 박유는 과거제도의 개방도 언급하였다. 그는 '서민과 첩의 아들도 벼슬하는 것을 허락할 경우 홀어미와 홀아비가 사라지고 인구가 날로 늘어나게 될 것'이라고 주장하였다. 박유의 이 같은 주장들은 당시로서는 매우 획기적인 주장이었다. 그러나 그것은 국가정책으로 채택되지는 않았다. 첩을 두게 될 것을 염려한 지배층 부인들이 강력히 반대했기 때문이었다.

　　이 소식을 들은 부녀자들은 누구라 할 것 없이 두려워하며 박유를 원망하였다. 때마침 연등회 저녁에 박유가 왕의 행차를 호위하고 따라 갔는데 어떤 노파가 박유를 손가락질하면서 "첩을 두자고 청한 자가 바로 저 빌어먹을 늙은이다"라고 하였다. 〈이 소리를〉 들은 사람들이 연이어 손가락질하니 길거리에 붉은 손가락들이 두름을 엮어 놓은 것 같았다. 당시 재상들 가운데에는 〈자신들의〉

처를 무서워하는 자가 있었기 때문에 그 논의를 하지 못
하게 했고 결국 시행되지 못하였다.

_『고려사』 권106, 열전 박유

고려 공녀, 얼마나 많이 끌려갔을까

      지금까지 고려의 공녀에 대해 사례별로 접근을 하였다. 그러나 고려 공녀의 실황을 알기 위해서는 통계적 분석도 필요하다. 원나라에 대한 고려의 공녀 징구는 충렬왕 1년(1275)에 시작돼 공민왕 4년(1355)까지 대략 40여 년 동안 지속되었다. 이 기간 동안 총 44회에 걸쳐 170명의 어린 고려의 소녀들이 원나라에 진공되었다.

『고려사』 공녀 진공 기록

번호	공녀 진공 시기	규모	번호	공녀 진공 시기	규모
1	충렬왕 1년(1275)	10	23	충선왕 2년(1310) 5월	미상
2	충렬왕 13년(1287)	미상	24	충선왕 3년(1311) 윤7월	4
3	충렬왕 14년(1288) 11월	미상	25	충숙왕 2년(1315) 2월	미상
4	충렬왕 15년(1289) 8월	1	26	충숙왕 4년(1317) 1월	미상
5	충렬왕 16년(1290) 9월	17	27	충숙왕 4년(1317) 3월	미상
6	충렬왕 19년(1293) 10월	3	28	충숙왕 7년(1320) 8월	53
7	충렬왕 24년(1298) 1월	미상	29	충숙왕 7년(1320) 11월	미상
8	충렬왕 26년(1300) 5월	미상	30	충숙왕 8년(1321) 1월	미상
9	충렬왕 26년(1300) 7월	3	32	충숙왕 15년(1328) 2월	미상
10	충렬왕 27년(1301) 1월	1	33	충숙왕 15년(1328) 7월	미상
11	충렬왕 27년(1301) 2월	미상	34	충혜왕 1년(1331) 8월	미상
12	충렬왕 28년(1302) 7월	미상	35	충숙왕 후 7년(1338) 7월	미상
13	충렬왕 31년(1305) 2월	미상	36	충혜왕 후 4년(1343) 8월	미상
14	충렬왕 31년(1305) 3월	10	37	충목왕 3년(1347) 1월	2
15	충렬왕 31년(1305) 9월	미상	38	충목왕 3년(1347) 10월	미상
16	충렬왕 31년(1305) 12월	미상	39	충목왕 3년(1347) 10월	미상
17	충렬왕 33년(1307) 6월	미상	40	공민왕 1년(1352) 8월	1
18	충렬왕 33년(1307) 10월	미상	41	공민왕 2년(1353) 7월	6
19	충렬왕 33년(1307) 11월	8	42	공민왕 2년(1353) 8월	2
20	충렬왕 33년(1307) 11월	18	43	공민왕 3년(1354) 5월	1
21	충렬왕 34년(1308) 4월	미상	44	공민왕 4년(1355) 4월	미상
22	충선왕 1년(1309) 10월	미상	*		

국왕별 진공횟수와 기록

국 왕	진공횟수	규 모
충렬왕	21	71
충선왕	3	4
충숙왕	10	83
충혜왕	2	미상
충목왕	3	2
공민왕	5	10
계	44	170

국왕별로 살펴보면, 진헌횟수가 가장 많았던 시기는 충렬왕 때로 21회였고 그다음은 충숙왕 10회, 공민왕 5회, 충선왕·충목왕 각 3회, 충혜왕 2회 순이었다. 충렬왕은 원종의 맏아들로 비는 원 세조의 딸 제국대장공주(장목왕후)이다. 그는 원나라에 가서 혼인을 허락받고 귀국할 때 변발과 함께 호복을 입었다. 충렬왕 때에 이르러 고려는 역사의 전환기를 맞고 있었다. 고려 왕실은 원나라의 도움으로 지위를 되찾았으나, 대신 원의 부마국(사위나라)이 되면서 국왕 이름에 '忠'자를 사용해야 하는 등 속국으로 전락하였다. 원나라의 간섭은 당연히 크게 증가하였고, 공녀에도 그 같은 현상이 반영됐다.

충렬왕 때의 공녀 기록 21회는 왕 자신이 원나라를 방문해 공녀를 직접 바친 것이 2회(즉위 19·26년), 신하를 보내 대신 공녀를 바친 것이 11회(즉위 14·15·16·26·28·31·31·31·33·33·33년), 원나라 요구에 의해 공녀를 바친 것이 5회(즉위 1·27·27·33·33년), 기타 3회(즉위 13·24·31년) 등이다. 특히 충렬왕 31년에는 한 해에 세 번, 33년에는 무려 다섯 번이나 공녀를 진공하였다. 뿐만 아니라 원나라에서 온 여자 사신이 자기 남편을 위해 공녀를 요구한 사례도 있었다. 원나라는 일부다처제였기 때문에 고려에서 후처를 구하려 한 것이다.

> 9월 무오 안서왕(安西王) 아난달(阿難達, 아난다)이 사신을 보내와 금을 바쳤다. 또 왕의 측근들에게 뇌물을 주고 동녀(童女)를 구하였는데 사신은 바로 안서왕의 부인이었다.
>
> _『고려사』 권32, 세가 충렬왕 31년 9월

반면 진헌규모가 가장 많았던 시기는 충숙왕 때로 83명이었고, 그다음은 충렬왕 71명, 공민왕 10명, 충선왕 4명, 충목왕 2명 순이다. 충혜왕 때도 공녀 진헌이 있었으나 규모는 확인되지 않는다. 충숙왕은 아버지(충선왕)를 따라 원나라에 갔다가 왕위를 물려받고 고려에 돌아와서 즉위하였다. 그뒤 아들

충혜왕에게 왕위를 물려주고 원나라로 들어갔다가 다시 왕위에 오르는 등 권력의 부침이 심하였다. 그는 원나라의 무리한 세공(歲貢)을 삭감하고, 공녀(貢女)·환자(宦者)의 선발 등을 중지하도록 청원하였다. 그럼에도 불구하고 공녀 진공수가 가장 많은 것은 충숙왕 11년 7월의 공녀 진헌 때문이었다. 중국 사서인『원사(元史)』에는 이때 고려가 무려 30명의 공녀를 진공하였다고 기록돼 있다.

I

몽골에는 '고려양', 고려에는 '몽골풍'

사람의 이동은 문화의 이동을 동반한다. 게다가 사람이 집단으로 움직일 때는 그런 현상이 더 강하게 나타난다. 흔히 말하는 문화전파이다. 고려의 여인들이 대거 원나라로 끌려가면서 고려의 문화도 자연스럽게 원나라에 전파되었다. 특히 궁중과 상류층 등 원나라 지배층에 고려 문화가 많이 흘러들어 갔다.

원나라의 권형이 쓴 『경신외사(庚申外史)』에 의하면, 당시 원나라 지배층은 고려의 여인을 얻어야만 명가(名家)라는 소리를 들었다. 그만큼 고려의 여인은 아름다웠고 사람을 잘 섬겼다. 이 영향으로 고려의 기물이 크게 유행했고, 이를 '고려양(高

麗樣)'이라고 불렀다. 고려양은 ① 의복·신발·모자 등의 복식과 ② 만두·떡·유밀과 등의 음식, 그리고 ③ 상추쌈 같은 고려 채소가 특히 유행하였다.

① 궁궐의 옷이 새로 고려 모양 유행되니 / 모난 옷깃에 허리까지 내려오는 짤막한 옷소매네 / 밤마다 궁중에서 서로 빌려다 구경하니 / 그 맵시 일찍이 임금의 눈에 든 때문일세

_장욱, 「궁중사」

② 세자가 황제에게 백마(白馬)를 폐백으로 들이고 진왕(晉王)의 딸에게 장가들었다. 이날 잔치에서는 모두 고려의 유밀과(油蜜果)를 사용하였다. 제왕(諸王)과 공주 및 여러 대신(大臣)들이 모두 잔치에 참석하였다. 날이 저물어 술이 취하자 고려의 악관(樂官)들에게 황제의 은혜에 감사하는 감황은(感皇恩) 곡조를 연주하게 하였다. 잔치가 끝나고 왕과 공주가 융복궁(隆福宮)에 나아가니 태후가 모피장막(氈帳)을 설치하고 술자리를 베풀었는데 밤이 되어서야 파하였다.

_『고려사』 권31, 세가 충렬왕 22년 11월

③ 원나라 사람 양윤부(楊允孚)의 시에, "고려 식품 중에 맛 좋은 생채를 다시 이야기하니 / 향기로운 새박나물과 줄나물을 모두 수입해 들여온다" 하고, 스스로 주하기를, "고려 사람은 생나물로 밥을 쌈싸 먹는다" 하였다. 우리나라 풍속은 지금까지도 오히려 그러해서 소채 중에 잎이 큰 것은 모두 쌈을 싸서 먹는데, 상추쌈을 제일로 여기고 집집마다 심으니, 이는 쌈을 싸 먹기 위한 까닭이다.

_『성호사설』

원래 원나라 옷은 윗옷과 아래옷이 붙은 한 벌 옷(원피스)이었다. 반면 고려 말 관리인 박익의 묘에 그려진 벽화를 보면, 고려 여인들의 옷차림은 두 벌 옷(투피스)가 주종을 이뤘다. 원나라에도 고려의 복식이 전해진 이후 저고리와 치마가 나뉘는 두 벌 옷이 유행했다.

충렬왕은 즉위 22년에 세자(후에 충선왕)의 혼례식을 위해 원나라를 방문했다. 이때 유밀과를 고려에서 가져가 잔치를 하였다. 유밀과는 밀가루에 기름과 꿀을 섞어 반죽한 것을 기름에 지져 꿀에 담가 두었다가 먹는 과자이다. 유밀과를 포함한 만두, 떡 등은 후에 '고려병(高麗餅)'이라는 이름으로 원나라에 크게 유행하였다.

고려는 80여 년간 원나라의 번속국이 되어 정치적 간섭을 받아야 했다. 뿐만 아니라 고려는 원나라의 강압적인 문화적 간섭을 피할 수 없었다. 이것이 이른바 '몽골풍'이다. 대표적인 몽골풍으로는 고려 궁중 용어의 변화, 원나라 음식 유입, 원나라 복식 유행 등이 꼽힌다. 원나라는 고려가 부마국이 된 만큼 궁중 용어도 자국보다 한 단계 낮게 사용할 것을 강요했다.

왕이 아직 왕이 되지 않았을 때는 태자(太子)라고 칭하지 않고 세자(世子)라고 칭하고, 국왕의 명령은 예전에는 성지(聖旨)라고 하였으나 이제는 선지(宣旨)라고 할 것이다. 관직 명칭이 우리 조정(朝廷)과 같은 것도 또한 이런 것이다.

_『고려사』 권28, 세가 충렬왕 원년 10월

그 결과, 고려의 궁중 용어는 폐하 → 전하, 짐 → 고, 태자 → 세자 등으로 바뀌었다. 중국 예법상 '폐하(陛下)'는 황제, '전하(殿下)'는 왕을 높여 부르는 말이다. 그리고 '짐(朕)'은 황제 스스로가 자기를 가리키는 말이고, '고(孤)'는 왕이 자기를 지칭하는 일인칭 표현이다. '태자(太子)' 역시 황제국에서 황제 자리를 이을 아들, '세자(世子)'는 왕 자리를 이을 아들을 가리킨다. 궁중 용어는 아니지만 '장사치' 등과 같이 '치'로 끝나는 말도 몽골어의 영향을 받은 것이다. 장사치는 장사하는 사람이라는 뜻으로, 이때의 '치'는 몽골어 '다루가치(darughachi)'에서 만날 수 있다. 다루가치의 어원은 몽고어의 '속박하다'라는 뜻을 지닌 'daru'에 명사어미 'gha'와 사람이라는 뜻을 지닌 'chi'를 붙여 만들어진 말로, '속박하는 사람' 즉 총독을 의미한다.

몽골에서 전래된 음식으로는 쌍화(雙花)와 소주가 있다. 이에 대한 기록으로 『악장가사』에 실린 고려가요 「쌍화점」이 있다.

> 쌍화점(雙花店)에 쌍화(雙花) 사라 갔더니 / 회회아비가 내 손목을 쥐었더라. / 이런 말이 이 가게 밖에 드나들면 / 조그만 새끼 광대야, 네가 말한 것이라 하리라. …
>
> _『악장가사』, 「쌍화점」

쌍화점의 쌍화가 바로 만두이다. 소주도 본래 원나라에서 유행하던 술이다. 이덕무(1741~1793)의 『청정관전서』에는 '소주는 원나라 시기에 처음 만들어졌는데 아라길주라고 불렀다(燒酒 元時所創 名阿剌吉酒)'라고 기록돼 있다.

몽골풍 가운데 머리와 관련해서는 변발과 가체, 신체 장식은 고고, 잔치와 관련해서는 패아찰이 유행하였다. 변발(辮髮)은 이마와 얼굴의 경계선 주위의 머리카락을 모두 깎고 정수리 부분만 남겨 놓은 뒤, 이를 뒤로 늘어뜨린 머리다. 물론 고려의 모든 백성이 변발을 하지는 않았다.

> 몽골 풍속에서는 정수리에서 이마까지 머리를 깎아서 그 모양을 네모로 하는데 가운데만 머리카락을 남겨두었다. 이것을 겁구아(怯仇兒)라고 하는데 왕은 입조(入朝)하였을 때에 이미 변발하였지만, 본국인들은 아직 하지 않았기 때문에 이를 책망한 것이다.
>
> _『고려사』권28, 세가 충렬왕 즉위년 10월

가체(加髢)는 고려 이후 우리나라 여성들이 머리의 숱이 많아 보이게 하려고 덧얹은 가발을 말한다. 이 풍속은 조선시대로도 이어져 지위가 높은 여성과 기생들이 착용하였고, 신윤복(1758~?)의 《미인도》에도 등장한다. 조선 영조는 가체가 사회 문제가 되자 왕명으로 금지하기도 하였다.

⑧ 가체의 제도는 고려 때부터 시작된 것으로, 곧 몽고

의 제도이다. 이때 사대부가의 사치가 날로 성하여, 부
인이 한번 가체를 하는 데 몇백 금(金)을 썼다. 그리고 갈
수록 서로 자랑하여 높고 큰 것을 숭상하기에 힘썼으므
로, 임금이 금지시킨 것이다.

_『영조실록』 87권, 영조 32년 1월 16일

고고리(古古里)라고도 불렸던 고고(姑姑)는 본래 몽골의
지배층 부인들이 쓰던 특수 관모였다. 『고려사』 충렬왕 후비
숙창원비 김씨 열전에 '원(元) 황태후가 사신을 보내 숙비에게
고고(姑姑)를 하사하였다. 고고란 몽고(蒙古) 부인(婦人)들이 쓰는
관(冠)의 이름이고, 이때 왕이 황태후의 총애를 받았던 까닭에
요청하였던 것이다'라는 기록이 보인다. 이덕무는 이를 족두리
의 기원으로 추정하였다.

⑨ 고려사를 보면 원나라에서 왕비에게 고고리라는 것
을 보냈다고 하는데 그것은 곧 관(冠)의 이름으로서 세상
에 전해진 것이다. 지금의 족두리라는 것이 고고리와 그
음이 비슷하니 혹시 고고리가 와전되어 족두리가 된 것
이 아닐까.

_『오주연문장전산고』 권15, 동국부녀수식 변증설

몽골에서는 혼인 등의 경사가 있을 때, 친척들이 모여서 하루를 즐겼는데 이를 '패아찰(孛兒札)'이라고 불렀다. 패아찰은 고려 정부의 재정이 고갈될 정도로 사치가 매우 심했다.

⑩ 연경궁(延慶宮)에서 패아찰 잔치를 열었는데, 왕과 공주가 참석하였다. 이 잔치에 포를 써서 꽃을 만들었는데, 모두 5,140여 필이 사용되었으며 다른 장식품도 그에 못지않게 사치를 다하였으니 이로 말미암아 물가가 폭등하여 공사(公私)간에 유밀과(油蜜果)를 일절 사용하지 못하게 하였다. 당시 국가 재정이 완전히 고갈되자 영복도감(永福都監)에 베 2,600필을 2배로 징수하고 또 부유한 백성에게서도 2배로 거두었다.

_『고려사』 권38, 세가 공민왕 2년 8월

이상에서 보듯 고려양과 몽골풍은 쌍방향 문화전파였다. 그러나 몽골풍은 강압에 의한 것이었다. 그래서 공민왕은 당시 동북아의 국제정세의 흐름을 읽고 친명-배원정책을 실시하면서 몽골풍의 상징인 변발을 풀었다.

원나라 시에 등장하는 고려 공녀의 아름다움

중국 시 형식 중에 궁정 내부의 비사(秘事) 또는 구전(口傳)을 칠언절구의 형식으로 읊은 것을 '궁사(宮詞)'라고 불렀다. 당나라 왕건(王建)이라는 인물이 현종(玄宗) 황제의 궁정 생활에 대해 고로(古老)로부터 전해 들은 것을 칠언절구의 형식으로 읊은 것이 그 처음이다. 궁사를 통해 원나라 문인들이 주목한 고려의 공녀는 기자오(1266~1328)의 딸로 순제의 정비까지 오른 기황후와 원 세조(쿠빌라이, 1215~1294)의 총애를 받은 이궁인 등이다.

기황후는 1333년 고려 출신의 환관 고용보의 추천으로 궁녀가 되었다. 이후 순제(順帝, 혜종)의 총애를 받아 황태자(후에 북원의 소종)를 낳았다. 그녀는 순제의 총애를 배경으로 고려 환관 박불화를 군사 책임자인 추밀원 동지추밀원사(同知樞密院事)로 임명하는 등 원나라 말의 조정을 장악하였다.

그러자 모국 고려에서는 그녀의 오빠인 기철 등 기씨(奇氏) 일족이 기황후의 배경을 믿고 권세를 휘두르다 공민왕 때 반원정책이 시행되며 대부분 제거되었다. 이에 화가 난 그녀는 공민왕을 폐하고 원나라에 있던 충숙왕의 아우 덕흥군(德興君)을 왕으로 삼기 위해 1364년 고려 출신인 최유로 하여금 군사 1만 명을 거느리고 모국을 공격하게 하였다. 원나라가 망하자 그녀는 몽골지역으로 패퇴했고, 그 이후 행적은 기록으로 전해지는 것이 없다. 원나라의 문인 주유돈(1379~1439)은 「원궁사(元宮詞)」에서 기황후를 '명주(名酒)'로 묘사하였다.

기씨는 압록강의 동쪽에서 살다가
奇氏家居鴨綠東
한창 나이 되어서 중궁 자리 차지했네.
盛年纔得位中宮
한림이 엊그제 새 조서를 지으니,
翰林昨日裁新詔
삼대 모두 은혜받아 작록이 높아졌네.

三代蒙恩爵祿崇

맑은 술 새로 걸러 옥병에 담아 올리니

白酒新蒭進玉壺

물가 정자 깊숙한 곳 더위라곤 전혀 없네

水亭深處暑全無

군왕께서 웃으면서 기비를 향해 말하시네.

君王笑向奇妃問

"어쩜 저리 서경의 타랄소 그 술과 비슷한가"

何似西京打剌蘇

어제 아침 들어온 고려의 여인들은

昨朝進得高麗女

태반이나 기씨의 친족이라 하는데

太半咸稱奇氏親

그대로 여관으로 늙히기가 싫어서

最苦女官難派散

이들 모두 보내어서 두 궁빈을 삼누나

總數送作二宮嬪

_『열조시집』 권2, 주유돈

원 세조의 후궁이 된 이궁인의 정확한 출신은 알 수 없다. 다만, 남아 있는 「궁사」로 미뤄 봤을 때 비파를 매우 잘 탔던 것으로 보인다. 원나라 문인 계혜사(1274~1344)와 왕계학(?~?)은 같은 제목인 「이궁인비파인」, 곽익(1305~1364)은 「제상행(堤上行)」에서 그녀의 비파 타는 모습을 천상에서 내려온 여인으로 비유하였다.

봄바람 부는 아스라한 푸른 무덤이여

茫茫靑塚春風裏

해마다 찬바람 불어도 일어나지 못하네

歲歲春風吹不起

말 위에서 비파 소리 울린 이는

傳得琵琶馬上聲

고금에 그저 왕장과 이궁인만 있었다지.

古今只有王與李

이씨는 예전 지원 연간에

李氏昔在至元中

어린 나이에 집을 떠나와서 입궁하였지

少小辭家來入宮

제조가 한번 보고 기예를 칭찬하였으니

一見世皇稱藝絶

아름다운 춤과 노래 천상에서 내려온 듯

殊歌翠舞忽如空

군왕이 어찌 고운 얼굴 아끼지 않겠는가?

君王豈爲紅顔惜

이로부터 사람들이 탄핵해도 되지 않았지.

自是衆人彈不得

옥 술잔 들기 전에 음악이 멈춘 적 없으니

玉觴未擧樂未停

한 곡조 천금의 값임을 문득 알겠네. …

一曲便覺千金値

_『문안집』권2,「이궁인비파인」, 게혜사

5월이라 임금의 가마 용강으로 나서는데

鸞輿五月幸龍岡

새벽 화장 재촉하여 새 곡조 연주하라 부르네.

宣喚新聲促曉妝

비파 줄 치노라니 가을이 눈앞에 그득한데

撥斷冰絃秋滿眼

변방의 하늘 아래 푸른 구름 풀은 아스라하다.

塞天雲碧草茫茫

_『어선원시』권5,「이궁인비파인」, 왕계학

고려의 여자는 구슬을 팔뚝에 꿰어 차고

高麗女兒珠腕繩

귀를 뚫어 옥귀걸이 하고 배의 채봉에 앉아 있네

玉環穿耳坐船棚

돛에 명주로 동아줄을 매어 아침마다 달리고

絲爲帆綷朝朝颺

구리로 만든 비파를 만들어 아름답게 울리네

銅作琵琶嘖嘖鳴

_『任外野言』권하,「제상행」, 곽익

박지원(1737~1805)도 "북쪽으로 화림(和林, 카라코룸)에 가니 장막 궁전 드넓은데 / 고려의 궁녀 벼슬은 첩여라네. / 군왕께서 스스로 명비곡(明妃曲)의 노래를 짓고는 / 비파를 주며 말 위에서 뜯으라 하네"라고 비슷한 분위기의 시를 『열하일기』에 남겼다. 이때 비파 타는 고려 여인이 누구인지 불분명하나 정황상 원 세조가 총애했던 이궁인일 가능성이 높다.

고려 공녀의 일부는 호사를 누렸다. 그러나 그것은 극

히 일부로, 대다수의 고려 공녀는 첩과 시녀 생활을 강요당했다. 특히 귀부(귀순)한 군사, 새로 편성된 군인을 위해 병영의 막사(幕舍)로 끌려간 경우도 적지 않았다.

> 원(元)에서 양중신(楊仲信)을 파견하여 폐백(幣帛)을 싣고 와서 귀부한 군사 5백 인을 위해 처를 맞아들이도록 하였다.
>
> _『고려사절요』 권19. 충렬왕 2년 윤3월

> 남송(南宋) 양양부(襄陽府)에 새로 편성된 군인들이 처를 구하기 때문에, 선사(宣使) 초욱을 파견하여 관청 소유의 견(絹) 1,640단(段)을 가지고 고려국(高麗國)에 가게 하니 유사(有司)는 관원을 파견하여 함께 처가 될 여자들을 구하도록 시행하십시오.
>
> _『고려사』 권27, 세가 원종 15년 3월

이처럼 몽골 간섭기의 고려 공녀는 일제강점기 위안부와 비슷한 면이 있다. 고려 공녀와 일제강점기 위안부는 자국 군인들의 성적 욕구를 충족시켜 주기 위해 외국의 여성을 본인의 의사에 반하게 징발했다는 공통점이 있다.

영락제는 태종의 생각을 듣고 원나라식 공녀 요구로 전환하였다. 명나라 환관 황엄이 영락제의 이같은 뜻을 지니고 조선에 입국했다. 공녀를 거부한다는 것은 명나라와 조선 사이의 공과 책봉질서의 파탄을 의미했다. 태종은 명의 공녀 요구를 거부할 수 없었다.

명 태조 주원장은 왜 조선 왕실과 정략결혼을 추진했을까

　　　　원나라의 멸망과 함께 사라졌던 우리 역사의 공녀는 명
나라 영락제(永樂帝, 1402~1424) 재위 기간에 다시 등장하였다. 이
후 9차에 걸쳐 총 165명의 조선 공녀가 명나라에 진공되었다.
그에 앞서 명나라 황실은 창업자인 홍무제(洪武帝, 1328~1398, 주원
장) 즉위 기간에도 조선에 공녀를 요구하였다. '창업'은 지금은
'회사를 세우다' 정도의 뜻으로 사용되고 있으나, 본래는 나라
를 세웠다는 뜻이다. 14세기 후반 무렵, 주원장은 만리장성은
평정했으나 만주 지역은 손아귀에 넣지 못하고 있었다.
　　　주원장은 이 같은 동북아의 국제 정세를 감안해 조선에
대해 고압과 화친정책을 함께 추진하였다. 주원장은 조선을 건

국한 태조 이성계에 대해 이런저런 이유로 책봉을 미뤘다. 이것은 이성계를 인정하지 않는다는 의미였다. 뿐만 아니라 표전(외교문서)의 내용을 빌미로 작성자 정도전(1342~1398)을 명나라로 송환할 것을 계속 요구하였다.

그러면서도 주원장은 북원(北元)을 견제해야 했으며, 또 만주가 진공 상태인 까닭에 인접국인 조선을 회유할 필요가 있었다. 그것은 조선 왕실과의 정략결혼 추진으로 나타났다. 남경을 방문했던 조선의 사신이 주원장의 친서를 가져왔다.

> 배신(陪臣) 하윤(河崙) 등이 남경에서 돌아와 삼가 성지(聖旨)를 전해 받자왔사온데, "나는 실심(實心)으로 사돈을 맺으려고 한다. 내 자손이 사내아이는 많고 여아는 적다. 그곳에서는 겨우 8세에서 16세에 이르면 성정(成丁)이 된다고 한다. 그곳은 실사(實事)는 적고 허사(虛事)가 많은 것이 사실이다. 내가 너와 사돈을 맺는 데 너는 반드시 지성을 요하고 일이 생기는 것을 요하지 않는다" 하였고 …
>
> _『태조실록』 10권, 태조 5년 11월 23일

1년 뒤 명나라 사신으로 갔던 권근(1352~1409) 등이 경사

(京師, 지금의 북경)에서 돌아왔다. 주원장은 '다음번에 양국이 결혼식 문제를 논의하려면 중국어를 할 줄 아는 재상이 와야 한다'라고 더욱 적극성을 보였다.

> 그대 나라에서 사신이 다시 올 때에는 한화(漢話)를 아는 사람을 보내고, 한화를 알지 못하는 사람은 올 필요가 없다. 우리 손아(孫兒)와 조선 국왕의 손아의 성혼(成婚)하는 것을 승낙할 때에는, 한화를 아는 재상을 보내라. 내가 그 사람에게 말하여 돌려보내겠다.
>
> _『태조실록』 11권, 태조 6년 3월 8일

그러나 주원장은 얼마 안 가 정략결혼을 파기하였고 따라서 조선의 동녀들이 명나라로 끌려가는 일이 발생하지는 않았다. 당시 조선과 명나라는 여진을 자국의 영향력 아래 묶어두기 위해 경쟁하고 있었다. 그런 와중에 조선과 여진이 조공과 책봉관계를 맺었던 게 주원장의 심기를 불편하게 했다. 이때는 명나라의 통치력이 두만강 유역까지 도달하지 않은 상태였다.

> 두만강 밖은 풍속이 다르나, 구주(具州)에 이르기까지 풍

문(風聞)으로 듣고 의(義)를 사모해서, 혹은 친히 내조(來朝)하기도 하고, … 혹은 토산물을 바치는 자들이 길에 잇닿았으며, 기르는 말이 좋은 새끼를 낳으면 자기네가 갖지 않고 서로 다투어서 바치며 …

_『태조실록』8권, 태조 4년 12월 14일

1차 공녀, 그녀들은 왜 모두 후궁이 됐을까

조선이 명나라에 공녀를 처음 진헌한 것은 태종 8년 (1408, 영락 6)이었다. 처음에 영락제의 목적은 홍무제와 마찬가지로 공녀가 아니라 명 황실과 조선 왕실이 혼인을 맺는 것이었다. 즉 영락제는 정략결혼 차원에서 1차 공녀를 요구하였다. 당시 동북아 정세는 여전히 불안정했기에 영락제는 정략결혼이라는 유화책을 통해 조선을 자국의 영향력 아래에 묶어 두고 대몽골 공격의 전초기지로 삼으려 하였다. 그러나 이런 영락제의 의도와는 다르게 태종은 고려 말 기황후와 그 일족의 발호를 잊지 않고 있었다.

중국과 결혼하는 것은 나의 소원이나, 염려되는 것은 부부가 서로 뜻이 맞는 것은 인정(人情)의 어려운 일이고, 또 반드시 중국의 사자(使者)가 끊이지 않고 왕래하여 도리어 우리 백성들을 소요하게 할 것이다. 옛적에 기씨(奇氏)가 들어가 황후가 되었다가 그 일문(一門)이 남김 없이 살육되었으니, 어찌 족히 보존할 수 있으랴? 군신(君臣)이 일체가 된 연후에야 나라가 다스려져서 편안해지는 것이다.

_『태종실록』13권, 태종 7년 6월 8일

명나라 영락제는 태종의 생각을 듣고 원나라식 공녀 요구로 전환하였다. 명나라 환관 황엄이 영락제의 이 같은 뜻을 지니고 조선에 입국했다. 공녀를 거부한다는 것은 명나라와 조선 사이 조공과 책봉질서의 파탄을 의미했다. 태종은 명의 공녀 요구를 거부할 수 없었다.

① 임금이 칙서(勅書)에 절하고 나서, 서계(西階)로 올라가 ② 사신 앞에 나아가서 꿇어앉았다. 황엄이 성지(聖旨)를 ③ 선유(宣諭)하기를, "네가 조선국에 가서 ④ 국왕에게 말하여, 잘생긴 여자가 있으면 몇 명을 간택해 데리고

오라" 하였다. ⑤ 임금이 고두(叩頭)하고 말하였다. "어찌 감히 마음을 다해 명령을 받들지 않겠습니까?"

_『태종실록』15권, 태종 8년 4월 16일

인용문은 몇 가지 의미 있는 정보를 담고 있다. ①, ②, ⑤는 종주국과 번속국의 위상이 어떤 지를 잘 보여 준다. 조선 임금 태종은 명나라 환관을 황제의 대리자로 여기고, ① 절하고, ② 꿇어앉고, ⑤ 고두하였다. 고두는 머리를 조아려 경의를 표하는 것을 말한다. ③, ④는 외교관례에서 크게 벗어난 행동이다. '선유'는 황제의 문서가 아닌 구두로 말하는 것을 의미한다. 그리고 영락제는 환관에게 자신의 말을 조선 임금에게 '말(言)'로 전하라고 하고 있다. 즉 문서가 아니라 구두로 의사 전달을 명령하고 있다. 말은 외교적 기록으로 남지 않기 때문에 은밀성을 담보할 수 있다. 영락제의 이 같은 은밀성은 원나라가 공개적으로 공녀를 요구한 것과는 크게 대비된다.

결국 조선 조정은 태종 8년, 진헌색(進獻色)을 설치하고 노비를 제외한 13세~25세의 양갓집 처녀를 대상으로 공녀 선발에 들어갔다. 그러자 전국적으로 흉흉한 소문이 나돌았다. 조정은 금혼령(禁婚令)으로 대응하였고, 이를 어긴 부모에게는 재산을 몰수하거나 매질을 하는 등의 처벌을 가했다.

지금 다시 각사(各司) 각 성중관 및 대소 한량관으로 하여금 처녀를 숨긴 자를 조사하게 하여 가재(家財)를 관가에 몰수하고, 과전(科田)을 대신 세우게 하매, 유사(有司)가 명령을 받고 각사의 이전(吏典)과 방리(坊里)의 부녀를 잡아 가두고 매질하고 하니, 마을 사람들이 원통하게 울부짖어 화기를 상합니다.

_『태종실록』16권, 태종 8년 7월 5일

물색 결과, 전국에서 30명의 처녀가 뽑혀 한성부로 올라왔다. 그리고 이들을 삼정승의 정치적 집합체인 의정부가 다시 심사하여 3년간의 부모 장례가 끝나지 않은 경우와 무남독녀를 제외한 7명의 처녀를 선발하였다.

이것이 선발의 마지막 단계는 아니었다. 선발된 7명의 처녀를 황엄 등이 경복궁에서 재차 심사를 하였다. 이 과정에서 명나라 환관 황엄은 "선발된 동녀의 일부가 미색이 없다"는 이유로 온갖 횡포를 부렸다.

내사(內史) 황엄(黃儼) 등이 의정부와 더불어 경복궁에서 경외의 처녀를 함께 선발하였다. 황엄이 처녀 중에 미색(美色)이 없다고 노하여 경상도 경차내관(敬差內官) 박유

(朴輪)를 잡아 결박하고 … 곤장을 치려고 하다가 그만두
고, 교의(交倚)에 걸터앉아 정승(政丞)을 앞에 세우고 욕을
보이고 나서 태평관으로 돌아갔다.

_『태종실록』 16권, 태종 8년 7월 2일

이날 최종 선발 과정에서는 '입을 일부러 삐뚤게 하기',
'머리 흔들기', '다리 절룩거리기' 등 공녀 간택을 피하기 위한
동녀들의 갖가지 '거짓 연기'가 속출하기도 했다. 그러자 내시
황엄은 '감히 내 앞에서 이런 일이 벌어진다'며 분노하였고, 거
짓 연기를 한 소녀의 부모들은 가택 구금을 당하거나 심한 경
우 귀양을 가야 했다.

이날 평성군(平城君) 조견(趙狷)의 딸은 중풍이 든 것같이
입이 반듯하지 못하고, 이조참의 김천석(金天錫)의 딸은
중풍이 든 것같이 머리를 흔들었으며, 전 군자감 이운로
(李云老)의 딸은 다리가 병든 것같이 절룩거리니, 황엄 등
이 매우 노하였다. 헌사(憲司)에서 조견 등의 딸을 잘못
가르친 죄를 탄핵하여 아전을 보내서 수직(守直)하게 하
고, 조견은 개령(開寧)에, 이운로는 음죽(陰竹)에 부처하
고, 김천석은 정직(停職)시켰다.

수직은 죄인이 도망하지 못하도록 그 집을 지키는 직책을 말하고, 부처는 귀양의 또 다른 표현이다. 권문의라는 사람은 병을 핑계로 딸을 내놓지 않고 버티다가 황엄과 태종의 노여움을 사 감옥에 갇히기도 하였다. 딸을 위해 자신을 희생한 것이다.

> 이에 황엄이 권씨(權氏)의 절색(絶色)을 구해서 하루 속히 보려고 하는데, 문의가 그 딸이 병이 났다 칭탁하고 시일을 오래 끌며 떠나보내려 하지 않았다. 의정부에서 지인 양영발(楊榮發)을 보내어 독촉하니, 문의가 마지못해서 치장(治粧)을 하여 길을 떠나는 체하였다. 영발이 말을 달려 돌아오니, 문의는 마침내 딸을 보내지 않았다. 황엄이 노하여 말하기를, "저와 같은 미관(微官)도 국왕이 제재하지 못하니, 하물며 거가(巨家)·대실(大室)에 미색이 있다 한들 어찌 내놓으려 하겠는가?" 하였다. 임금이 노하여 문의를 가두었다.
> _『태종실록』 16권, 태종 8년 8월 28일

그해 10월 11일 우여곡절 끝에 한성부 권집중의 딸(18세), 한성부 임첨년의 딸(17세), 인주 이문명의 딸(17세)과 한성부 여귀진의 딸(16세), 그리고 수원부 최득비의 딸(14세) 등 5명의 동녀가 제1차 공녀로 최종 선발되었다. 1차 공녀의 상세한 인적 사항은 〈표〉와 같다.

1차 공녀 인적사항

아버지	동녀 나이	거주지	본관
권집중	18세	한성부	경상도 안동부
임첨년	17세	한성부	충청도 회덕현
이문명	17세	인주(現 인천)	경기도 인주
여귀진	16세	한성부	풍해도 곡성군
최득비	14세	수원부	경기도 수원부

다음 기록은 명나라 내시 황엄이 이날 공녀 선발을 주도했고, 또 황엄과 태종 사이에 미인을 보는 눈이 달랐음을 보여준다. 태종은 환궁하여 이렇게 말하였다.

임금이 환궁하여 대언(代言)들에게 이르기를, "황엄이 선정한 고하(高下) 등제(等第)가 틀렸다. 임씨(任氏)는 곧 관

음보살의 상(像) 같아서 애교와 태도가 없고, 여씨(呂氏)
는 입술이 넓고 이마는 좁으니, 그게 무슨 인물이냐?" 하
였다.

_『태종실록』16권, 태종 8년 10월 11일

이렇게 선발된 공녀의 집에는 미색의 등수에 따라 약간
의 차등을 두어 비단 60필, 명주 300필, 목면 10필, 금 2~1정,
은 10정, 말 5~4필, 말안장 2면, 옷 2벌, 종이 3천 장 등의 물품
이 하사되었다. 한겨울에 만주벌판을 지나야 했던 공녀들에게
는 유모와 여종, 그리고 화자(내시)를 딸려 보내는 것 외에 방한
용 옷·모자·신발 등이 지급되었다.

1. 가는 여아(女兒) 매 인(每人)에 난모(暖帽)·난화(暖靴)·난
의(暖衣)를 요함.

1. 따라가는 유모·여사 매 인에 난모 한 개, 난화 한 쌍,
두터운 면의(綿衣) 3건(件) 내에 큰 솜저고리 1건, 치마 1
건, 바지 1건임.

1. 가는 작은 화자(火者)의 신상에는 한갓 난화만 요함.

_『태종실록』16권, 태종 8년 10월 26일

한겨울인 그해 11월 12일. 태종이 모화루에서 직접 전송하는 가운데 조선의 첫 다섯 공녀가 여종 16명, 내시 12명 등과 함께 머나먼 북경으로 출발하였다. 임첨년을 제외하고 이들에게는 집안 사정에 따라 아버지 혹은 오라비가 동행하였다. 진공의 총책임자는 이문명의 형인 예문관 대제학 이문화였다. 특이한 점은 공녀의 아버지와 오빠는 공녀의 친족이 아닌 명궁에 양질의 종이를 바치는 진공사(進貢使)로 위장했다는 점이다. 명나라는 원나라와 달리 공녀 운송 작업을 매우 은밀하게 진행한 것이다.

황엄 등이 처녀를 데리고 경사(京師)로 돌아가니, 임금이 모화루에서 전송하였다. 예문관 대제학 이문화로 진헌사(進獻使)를 삼아 순백 후지(純白厚紙) 6천 장을 싸 가지고 경사에 가게 하였다. … 일찍이 황제가 십분 순결하고 광채가 좋으며 가는 백지를 우리에게 요구하였으므로, 이미 안노생(安魯生)·홍서(洪恕)·설미수(偰眉壽)를 시켜 차례로 2만 1천 장을 진공하였는데, 이때에 이르러 임금이 처녀를 진헌한다고 이름지어 말하려 하지 않기 때문에, 이문화로 하여금 지차(紙箚)를 진헌하는 것같이 한 것이었다. 문명·귀진·득비와 집중의 아들 영균을 모두 압물

(押物)에 충당하고, 첨년만은 병으로 가지 못하였다.

_『태종실록』16권, 태종 8년 11월 12일

인용문의 '압물'은 여정의 물품 관리인을 말한다. 공녀가 떠나는 갓길에는 부모·친척들의 흐느낌이 끊이지 않고 이어졌다. 권근은 고국 산천을 떠나는 소녀의 애처로움을 '꿈속에 들어와 푸르다'라고 읊었다.

구중(九重) 궁궐에서 요조숙녀를 생각하여

만리 밖에서 미인(美人)을 뽑는다.

적불(翟茀)은 멀리 행하고

제잠(鯷岑)은 점점 아득하여진다.

부모를 하직하니 말이 끝나기 어렵고,

눈물을 참자니 씻으면 도로 떨어진다.

슬프고 섭섭하게 서로 떠나는 곳에

여러 산들이 꿈속에 들어와 푸르도다.

_『태종실록』16권, 태종 8년 11월 12일

'적불'은 수레의 한 종류, '제잠'은 조선을 지칭하고 있다. 같은 날짜 『태종실록』은 권근이 당시 민간에 떠돌던 동요를 '보리가 익으면 보리를 구하여야 하고 / 해가 저물면 계집아이를 구한다. / 나비도 오히려 눈이 있어 / 아직 꽃피지 않은 가지를 와서 택한다'라는 시를 지어 해설했다고 기록하고 있다. 해설이 무엇을 뜻하는지는 분명치 않으나, '꽃이 피지도 않은 가지'는 조선의 어린 소녀, '나비'는 명나라 내시를 지칭한 것으로 보인다.

임첨년의 딸, 공녀 임씨는 아버지가 어머니를 버리자 자신은 명나라로 끌려가면서도 도리어 어머니를 걱정했다고 한다. 그러자 태종 정부는 이례적으로 공녀 임씨의 어머니에게 쌀과 콩 30석을 하사하였는데 임씨가 나라에 그 보살핌을 부탁했기 때문이었다. 태종 9년에는 사은사 이양우(1346~1417)가 돌아와 공녀와 동행한 가족들의 명나라에서의 동향을 보고하였다.

2월 초9일에 황제가 북경에 거둥하여 본국에서 바친 처녀 권씨를 먼저 불러들여 현인비(顯仁妃)를 봉하고, 그 오라비 권영균을 광록시경에 제수하였는데, 작질이 3품이고, 채단 60필, 채견 300필, 금(錦) 10필, 황금 2정, 백은 10정, 말 5필, 안장 2면, 옷 2벌, 초(鈔) 3천 장을 하사하였습니다. 그 나머지도 모두 차등 있게 작을 봉하였

는데, 임첨년은 홍려경이 되고, 이문명과 여귀진은 광록
소경이 되었는데, 작질이 모두 4품이고, 최득비는 홍려
소경인데, 작질이 5품입니다. 각각 채단 60필, 채견 3백
필, 금(錦) 10필, 황금 1정, 백은 10정, 말 4필, 안장 2면,
옷 2벌, 초(鈔) 3천 장을 하사하였습니다. 또 이문화와 임
첨년의 족자(族子) 김화(金和)에게는 각각 말 2필과 안장
1면을 하사하였습니다.

_『태종실록』 17권, 태종 9년 4월 12일

임씨·이씨·여씨·최씨 등 나머지 4명의 공녀도 각각 순
비(順妃), 소의(昭儀), 첩여(婕妤), 미인(美人) 등의 이름으로 영락
제의 후궁이 되었다. 공녀와 그 친족에 대한 대우를 정리하면

1차 공녀와 친족에 대한 대우

후궁 이름		친족 대우	
권씨	현인비(현비)	오라비 권영균	광록시경(3품)
임씨	순비	아버지 임첨년	홍려경(4품)
이씨	소의	아버지 이문명	광록소경(4품)
여씨	첩여	아버지 여귀진	광록소경(4품)
최씨	미인	아버지 최득비	홍려소경(5품)

〈표〉와 같다.

　　1차 공녀는 전체 7차례의 공녀 가운데서 유일하게, 진헌된 5명 모두가 영락제의 후궁이 되었다. 이처럼 영락제가 5명의 공녀를 후궁으로 대우한 데는 고도의 정치적 목적이 있었다. 영락제는 조선을 확실한 우방으로 묶어 두고, 북방의 유목민족을 정복하려 하였다. 이렇게 동북아 역사에서는 만리장성을 기준으로 그 북쪽의 오랑캐(유목민족)와 그 남쪽의 중화족(한족), 그리고 그 중간에 우리나라가 정립하는 삼각구도가 자주 만들어졌고 그때마다 동북아 정세는 크게 출렁거렸다. 이것을 역사 용어로 '마의 삼각구도'라고 부른다.

I

2차 공녀 정씨 처녀, 불행을 면하는가 했지만

_____1차 공녀에 대해 남겨진 역사 자료는 비교적 풍성하다. 반면 2차 공녀에 대한 사료는 적은 편으로, 그 배경은 1차 공녀 때 태종이 언급한 미인관 때문이었다. 명나라 영락제는 1차 공녀 가운데 미색이 떨어지는 처녀가 있다며 불만을 나타냈다. 그리고 그는 조선에 1~2명의 공녀를 다시 요구하였다.

미색이 거론됐다는 것은 명나라 황실의 공녀 요구가 정치에서 개인적인 욕구로 변질됐음을 의미한다. 조선은 금혼령과 함께 진헌색을 설치하고 공녀 선발에 나섰고 그 결과 지선주사 정윤후의 딸(18세)이 최종적으로 선발되었다.

정씨 선발은 공녀가 아닌 약재 구입으로 위장됐다.

황엄이 왔을 때에 황제가 다시 처녀(處女)를 구하였기 때문에, 상왕(上王)의 병을 칭탁하여 약물(藥物)을 구매하고, 인하여 정윤후(鄭允厚)의 여자 등의 일을 아뢴 것이었다. 황엄이 일찍이 말하기를, "만약 절색(絶色)을 얻거든 곧 반드시 다른 일을 칭탁(稱托)하여 아뢰라" 하였기 때문이었다.

_『태종실록』18권, 태종 9년 8월 15일

그해 11월 13일, 명나라 환관은 태종이 태평관에서 전송하는 가운데 정씨를 데리고 북경으로 출발하였다. 그러나 명나라 환관 일행은 황해도 용천참에 이르렀을 때 혹한을 이유로 정씨 처녀를 되돌려 보냈다.

당시 명나라는 만주지역에서 달단(韃靼, 몽골)과 전쟁을 하고 있었다. 2차 공녀는 조선이 어느 나라를 편드는가를 알아보기 위한 탐색이었던 것이다.

그렇게 정씨 처녀는 불행을 모면하는 듯했으나 결국 이듬해 10월 다시 명나라로 향해야 했다.

내사(內史) 전가화(田嘉禾)와 해수(海壽) 등이 정씨(鄭氏)를 데리고 경사(京師)로 돌아갔는데, 그 아비 전 지의주사

정윤후, 소환(小宦) 2인, 여사(女史) 4인이 따라갔다.

_『태종실록』 20권, 태종 10년 10월 28일

　　명나라는 1차 공녀와 달리, 2차 공녀 정씨에게는 후궁의 품위를 내리지 않았다. 공녀가 정치적인 것이 아닌, 개인적인 욕구로 변질됐기 때문이었다. 대신 아버지 정윤후에게는 광록소경 벼슬과 함께 금 1정, 은 10정, 비단 50필을 하사하였다. 한편 명나라 환관은 궁궐을 이탈해 한성부 공녀의 집을 찾기도 하였다. 그 목적은 공녀의 가족으로부터 향응과 저마포(苧麻布) 등 뇌물을 받는 데 있었다.

3차 공녀와 임신 경험이 있던 황씨

태종 17년(1417), 명나라는 조선에 3차 공녀를 요구하였다. 그해 5월에 명나라에서 돌아온 하정사 원민생(?~1435)이 영락제가 조선 처녀를 구한다는 밀계(密啓)를 전언하였다. 속방국 조선은 울며 겨자먹기로 전국에 금혼령을 내리고 간택에 들어갔다.

중외(中外)의 혼가(婚嫁)를 금지하니, 하정사의 통사 원민생이 경사(京師)로부터 돌아와 황제가 미녀(美女)를 요구한다고 밀계한 때문이었다.

_『태종실록』33권, 태종 17년 4월 4일

『태종실록』은 1, 2차 공녀와 관련하여 '선유', 즉 '황제의 말을 알린다'는 표현을 사용하였다. 그러나 3차 공녀에는 처음으로 '비밀스럽게 알린다'는 뜻인 '밀계'라는 단어를 사용하였다. 이처럼 공녀 선발은 시간이 흐를수록 더 은밀하게 진행되었다. 가장 높은 점수(상등)로 선발된 처녀는 고부령 황하신의 딸(17세, 미상)과 고지순창군사 한영정의 딸로 이들이 3차 공녀로 선발되었다. 이들은 같은 해 8월 6일, 태종이 모화루에서 전송하는 가운데 북경으로 향했다.

> 사신 황엄·해수가 한씨·황씨를 데리고 돌아가는데, 한씨의 오빠 부사정 한확(韓確), 황씨의 형부 녹사 김덕장(金德章), 근수(根隨)하는 시녀(侍女) 각 6인, 화자(火者) 각 2인이 따랐다. 길 옆에서 보는 자가 눈물을 흘리지 않는 이가 없었다.
>
> _『태종실록』 33권, 태종 17년 8월 6일

명 황궁은 3차 공녀 2명을 차별 대우하였다. 한씨는 여비(麗妃)라는 이름으로 영락제 후궁이 되었고, 그의 오라비 한확은 광록소경의 벼슬을 받았다. 이에 비해 황씨와 그의 형부 김덕장에게는 주어진 것이 없었다. 황씨는 형부 옆집의 노비와 사통하여 임신을 했고 명나라에 도착하여 몰래 몸을 풀었다. 영락제가 이를 알면서 양국 관계는 파탄에 이를 뻔했다. 다행히도 같이 간 한씨가 기지를 발휘해 무사히 넘길 수 있었다.

> 황씨의 복통은 낫지 아니하여 밤마다 몸종의 손으로 그 배를 문지르게 하였는데, 어느 날 밤에 소변할 때에 음부에서 한 물건이 나왔는데, 크기가 가지만 한 가죽으로 싼 살덩이였다. 몸종이 칙간에 버렸으나, 일행의 여러 여비가 모두 알고 소문을 냈다. … 황제가 황씨의 처녀 아님을 힐문하니, 그제야 이르기를, "일찍이 형부 김덕장의 이웃에 있는 조예(皂隷)와 간통하였다" 하였다. 황제가 성을 내어 우리나라를 문책하려고 칙서까지 작성하였는데, 당시 황제의 총애를 받고 있던, 궁인 양씨(楊氏)가 이 사실을 알고 한씨에게 그 연고를 말하였다. 한씨가 울면서 황제에게 애걸하기를, "황씨는 집에 있는 사사 사람인데, 우리 임금이 어떻게 그것을 알리오" 하니, 황제가 감동하여 한씨에게 명하여 벌을 주게 하였는데, 한씨가 황씨의 뺨을 때렸다.
>
> _『세종실록』 26권, 세종 6년 10월 17일

2, 3차 공녀는 그 수가 적다. 후궁 품위와 가족 관계를 정리하면 〈표〉와 같다.

2·3차 공녀와 친족에 대한 대우

	공녀	나이	후궁 품위	친족에 대한 대우	
2차	정씨	18세	없음	아버지 정윤후	광록소경(4품)
3차	황씨	14세	없음	형부 김덕장	없음
	한씨	미상	여비	남동생 한확	광록소경(4품)

1~3차 공녀의 비극적인 죽음과 '어여의 난'

　　　　태종 때 명나라에 끌려간 공녀는 전술한 대로 1차 권씨(후에 현인비), 임씨(순비), 이씨(소의), 여씨(첩여), 최씨(미인) 등 5명이다. 그리고 2차는 정윤후의 딸 정씨 1명, 3차는 황씨와 한씨(후에 여비) 등 2명이다. 그러나 이들 8명 모두는 자살이나 처형, 순장 등의 방법으로 이국의 땅에서 짧은 생을 마감해야 했다. 그 비극의 중심에 이른바 '어여의 난(魚呂之亂)'이 위치하고 있다. 1차 공녀 5명 가운데 현인비로 봉해진 권씨는 옥피리(퉁소)를 특히 잘 불어 영락제의 총애를 받았다. 그녀가 옥피리를 잘 불었다는 기록은 여러 곳에 존재한다. 다음은 명나라 때 ① 주권(朱權)과 ② 사채(司綵) 왕씨(王氏)가 지은 「궁사」이다.

① 적막한 구중궁궐 밤은 쓸쓸하기만 한데

寂寂重門夜沉寥

하늘에서 바람이 가끔 불어 향이 나부끼네

天風時送御香飄

삼십육궁에는 가을 달빛 밝은데

三十六宮秋月白

미인은 꽃 아래에서 퉁소를 가르치네.

美人花下敎吹簫

_『어찬명시』권2,「궁사」, 주권

② 옥같이 아름다운 나무 하나 대명궁으로 옮겨 오자

璃花移入大明宮

온 나무에 엉긴 향에 저녁 바람 맞으며 기대어 선다

一樹凝香倚晚香

군왕이 마음껏 가마를 머무르게 하고 싶어서

嬴得君王留步輦

밝은 달빛 아래 하늘까지 옥퉁소를 부는구나

玉簫吹徹月月中

_『명시종』권82,「궁사」, 사채 왕씨

106

주권의 궁사는 권씨가 다른 궁인에게 퉁소를 가르치는 모습을, 사채 왕씨의 궁사는 권씨가 달빛 아래서 퉁소를 부는 모습을 묘사하고 있다. 그러던 영락제 8년(1410) 10월, 북방 정벌에 나섰다가 돌아오던 중 영락제와 동행한 현인비가 갑작스럽게 제남(濟南)이라는 곳에서 사망하였다. 슬픔에 잠긴 영락제는 그곳에 현인비를 빈장(殯葬)하고 제남 주민을 면역시켜 주며 대신 능을 지키도록 했다. 빈장은 임시로 가매장하는 것을 말한다.

현인비의 돌연사 후 명 황궁 안에서는 중국인 후궁 여씨(呂氏)가 같은 성씨의 조선인 여씨(여귀진의 딸)를 좋아했으나 조선인 여씨가 이를 받아주지 않자 원한을 갖게 되는 일이 일어났다. 경우에 따라서는 동성애로 볼 수 있는 대목이다. 앙심을 품은 중국인 여씨는 '조선인 여씨가 차호도차에 비상(砒礵)을 넣어 현인비 권씨를 독살했다'고 조작된 소문을 냈다. 영락제는 이 소문을 그대로 믿고 분개하여 조선인 여씨를 포함해 사건에 관련된 궁녀와 환관 수백 명을 주살하라는 명령을 내렸다. 이때 공녀 여씨는 낙형(烙刑) 끝에 사망하였고, 1차 때의 공녀 임씨, 이씨도 고문의 고통을 이기지 못하고 자결하였다. 조선도 이 영향을 직접적으로 받았다. 현인비를 독살한 여씨 가족을 연좌에 의해 처벌해야 한다는 주장이 나왔고, 이로 인해 궁궐 안에서는 격한 논쟁이 일어난 것이다.

임금이 말하였다. " … 짐독으로 독살하는 것도 애매한데, 우리들이 멀리서 황제가 노한 것을 듣고서 갑자기 친족을 베는 짓을 나는 차마 할 수 없는 바이다." 남재와 이직이, "우선 가두어 두고 권영균이 돌아오기를 기다려서 황제의 생각하는 뜻을 알고 결정하여도 또한 늦지 않을 것입니다" 하니, 임금이 옳게 여겨서 여러 재상에게 두루 물었다. 우대언 한상덕이 말하였다. "권씨가 아직 황후가 되지 못하였는데, 어찌 시해로 논하여서 삼족을 멸망시키겠습니까? 모고 살인율은 가벼우니, 모반 대역으로 논하여 그 친족을 노예로 삼는 것이 어떻겠습니까?" … 하윤이 말하였다. "… 이러한 허물 있는 자들을 살려두면 이로부터 왕가에 화가 될 것입니다. … 속히 왕주(王誅)를 올바로 시행하여 천의(天意)에 답하는 것이 마땅합니다." 임금의 뜻이 드디어 정해져서, … "여씨의 죄가 율에 상고하면 대역이다. 대역의 죄는 왕주(王誅)가 그 어미에게 미치는 것은 불가하다. 여씨의 어미를 관천으로 정하고 그 나머지는 모두 석방하라."

_『태종실록』 28권, 태종 14년 9월 21일

'어여의 난' 전개 과정

영락제 후궁 공녀 현인비, 귀로에 돌연사
⇩
중국인 여씨와 공녀 여씨, 개인감정으로 불화
⇩
중국인 여씨 "공녀 여씨가 독살했다"고 무고
⇩
영락제 공녀 여씨 포함 연좌인 수백 명 주살
⇩
공녀 여씨 낙형 끝에 사망, 임·이씨는 자살
⇩
조선 내에서도 "여씨 가족 처벌" 여론 비등
⇩
중국인 여씨의 여종 "현인비는 중국인 여씨가 독살" 자백
⇩
중국인 여씨 '현인비와 여씨 제거하면 영락제 총애' 오판
⇩
공녀 황·이씨 포함 2,800명 죽음
⇩
1∼3차 공녀 가운데 한·최씨 2명만 생존
⇩
영락제 사망하면서 한·최씨도 순장의 비극
⇩
한씨 죽음 직전 "보모 낭이는 고국 조선으로 보내 줬으면"
⇩
홍희제 바로 귀국시키려 했으나 신하들이 누설 우려 반대
⇩
낭이, 10년 후 귀국할 때 나머지 조선인 생존자 52명 동행
⇩
조선 조정 "어여의 난 누설하면 엄벌" 강력 경고 후 귀가 조치

영락 19년(1421), 이번에는 황궁에서 중국인 여씨와 어씨(魚氏)가 내시와 간통하다 발각되었다. 영락제는 주위에 발설하지 말라고 하였으나 두 사람이 처벌이 두려워 스스로 목을 매 숨지는 사건이 발생하였다. 사건은 여기서 끝나지 않았다. 영락제가 중국인 여씨의 여종을 국문하는 과정에서 사실은 중국인 여씨가 현인비 권씨를 독살했다는 자백이 나왔다. 황제의 멀어진 사랑에 질투를 느끼고 있던 중국인 여씨는 눈엣가시인 현인비를 죽이고, 또 자기를 무시한 조선인 여씨까지 죽이면 자신이 영락제의 사랑을 독차지할 수 있을 것으로 생각한 것이다. 11년 전 사건의 진실을 알게 된 영락제는 극도로 분개했고, 관련자 색출을 명령하였다. 이 사건으로 궁인과 환관 등 연좌된 2,800명이 죽임을 당했다. 이 과정에서 공녀 황씨와 이씨가 국문을 받고 참형을 당하였다.

어여의 난에서 1~3차 공녀 8명 가운데 최씨와 한씨만이 살아남을 수 있었다. 최씨는 몸이 아파 머물고 있던 남경(南京)에서 올라오지 못했고, 한씨는 하옥돼 있던 중 사건 종결을 맞은 덕분이었다. 그러나 한씨와 최씨 두 사람도 또 다른 이유로 이국에서 비극적인 최후를 맞이해야 했다. 명나라 황궁에는 순장 풍습이 남아 있었는데, 영락제가 즉위 22년 만에 사망하였기 때문이었다. 한씨와 최씨도 순장자에 포함됐다.

황제가 죽자 궁인(宮人)으로 순장(殉葬)된 자가 30여 인이었다. 죽는 날 모두 뜰에서 음식을 먹이고, 음식이 끝난 다음 함께 마루에 끌어 올리니, 곡성이 전각을 진동시켰다. 마루 위에 나무로 만든 작은 평상을 놓아 그 위에 서게 하고, 그 위에 올가미를 만들어 머리를 그 속에 넣게 하고 평상을 떼어 버리니, 모두 목이 매어져 죽게 되었다. 한씨가 죽을 때 김흑(金黑)에게 이르기를, "낭(娘)아 나는 간다. 낭아 나는 간다"고 하였는데, 말을 마치기 전에 곁에 있던 환자가 걸상을 빼내므로 최씨와 함께 죽었다.

_『세종실록』 26권, 세종 6년 10월 17일

일부 글이 1~3차 공녀 8명 가운데 최씨는 살아남았다고 밝히고 있으나 『세종실록』 6년 10월 17일 자는 분명히 '최씨와 함께 죽었다(乃與崔氏俱死)'고 적고 있다. 후술하겠지만 이 같은 사실은 한씨의 유모로 따라갔던 '낭이(金黑)'가 10년 후 귀국하면서 확인됐다.

4차 공녀, 명나라행 가마에 자물쇠가 채워지다

세종이 즉위한 뒤에도 조선에 대한 영락제의 공녀 요구는 계속되었다. 다만 차이점이 있다면, 공녀의 조건에 '음식 만들고 술 빚는데 능숙한 여자'가 추가되었다. 권비(1차 공녀)가 해주던 음식이 영락제의 마음에 꼭 들었는데, 그녀가 독살사건으로 죽자 음식이 영 입맛에 맞지 않았던 것이다.

황제가 원민생에게 이르기를, " … 짐은 늙었다. 입맛이 없으니 소어(蘇魚)와 붉은 새우젓과 문어 같은 것을 가져다 올리게 하라. 권비(權妃)가 살았을 적에는 진상하는 식품이 모두 마음에 들더니, 죽은 뒤로는 무릇 음식을

올린다든가 술을 양조한다든가 옷을 세탁하는 등의 일
이 모두 마음에 맞지 않는다" 하니 …

_『세종실록』 25권, 세종 6년 7월 8일

'소어'는 밴댕이의 다른 말이다. 그리고 영락제가 새우
젓과 문어를 함께 좋아한 것은 그의 입맛이 후궁 권씨(현인비)에
의해 '조선화'된 것으로 해석된다. 세종 조정은 예의 그것대로
금혼령과 함께 진헌색을 설치하고 공녀 선발에 나섰다. 그러나
그해 9월 영락제가 북벌 도중 갑자기 사망하면서 공녀 선발 작
업은 중단되었다.

공녀는 새 황제 선덕제(선종)가 즉위한 후 다시 시작되었
다. 세종 9년(선덕 2) 7월 공조판서 성달생의 딸(17세, 한성부), 우
군 동지총제 차지남의 딸(17세, 한성부), 우군사정 안복지의 딸(11
세, 한성부), 우군사정 오척의 딸(12세, 진천현), 호용시위사 우령호
군 정효충의 딸(14, 한성부), 중군부사정 최미의 딸(13세, 김포현),
교위좌군사직 노종득의 딸(12세, 한성부) 등 7명의 처녀가 4차 공
녀로 최종 선발되었다. 그 외 요리 여종인 다반부녀(茶盤婦女)
10명, 여종 16명, 화자 10명도 함께 선발되었다. 공녀의 신원을
정리하면 〈표〉와 같다.

부친	부친의 벼슬	공녀 나이	공녀 선발 당시 거주지
성달생	공조판서	17세	한성부
차지남	동지총제	17세	한성부
안복지	우군사정	11세	한성부
오 척	우군사정	12세	충청도 진천현
정효충	우령호군	14세	한성부
최 미	중군부사정	13세	경기도 김포현
노종득	좌군사직	12세	한성부

　　4차 공녀는 이전과 비교해 ① 나이가 다소 어려진 점, ② 선발 지역이 지방으로도 확대된 점, ③ 다반부녀가 처음 선발된 점, ④ 대부분 무관직의 딸이 차출된 점, ⑤ 이례적으로 장관급인 공조판서의 딸이 선발된 점 등의 특징을 보인다. 따라서 당시의 공녀 선발은 세종이 공조판서 성달생에게 처음 하달하자 그가 오위(五衛, 조선 전기 중앙군대 편제)에서 공녀 자원을 집중적으로 선발했던 것으로 파악된다.

　　『세종실록』 세종 9년 7월 20일 자를 보면 공녀가 북경으로 떠나기 이틀 전 왕비가 전별 잔치를 베풀었다. 7월 20일, 공녀들이 북경을 향해 출발하기 위해 근정전으로 돌아와 덮개 있는 교자(가마)에 나누어 들어갔다. 그런데 공녀의 가마는 명나라 환관들에 의해 밖에서 자물쇠가 채워져 있었다. 이것을 본 공녀의 부모와 친척들은 길을 막으며 몸부림쳤고, 도로변의 사람들도 울지 않는 사람이 없었다고 한다.

　　4차 공녀의 입궐 역시 밤중에 이뤄지는 등 매우 비밀스럽게 진행되었다. 홍희제(선덕제의 아버지)의 국상이 끝나지 않은 터라 더욱 은밀하게 진행된 것이다. 공녀와 동행한 친족들은 명나라에 도착한 후 진마사(進馬使)와 종으로 위장하여 입궐하였다.

> 9월 26일에 북경에 이르러 제화문(齊化門) 밖에서 머물고 있었더니 2경(更)에 처녀들만 성안으로 들어오게 하고, 남은 사람은 27일에 성안으로 들어가 부군전위에 관(館)을 정하였습니다. 창성(昌盛)·윤봉이, 신을 진마사(進馬使)라 일컫게 하고, 정효충(鄭孝忠) 이하는 재상(宰相)의 겸종(傔從)이라고 일컫게 하며 대접하는 예도가 재상과 다름이 없었습니다.
>
> _『세종실록』 38권, 세종 9년 11월 18일

　　공조판서 성달생은 이와 관련하여, '4차 공녀들 가운데 성씨와 차씨 처녀는 황족의 자제들과 10월 18일 혼인하기로 택

일하였다. 나머지는 어리고 약하므로 처음 거처하던 곳에 머물
다가 가까운 날짜에 결혼하기로 하였다'라고 보고하였다.

오라비 출세욕의 희생양(?), 5차 공녀 한계란

      세종 10년(1428) 10월, 선덕제는 또다시 처녀를 요구하는 환관을 조선으로 보냈다. 그러나 이번에는 이전과는 달리 한확(1400~1456)의 여동생인 한계란(1410~1483)에 초점이 맞춰진 이른바 '원 포인트 공녀'였다. 여기에는 두 가지 배경이 작용하였다. 먼저 창성과 윤봉이라는 명나라 환관들이 환심을 사기 위해 선덕제에게 한확의 여동생이 아름답다고 보고했다.

두 번째는 한확이 개인적인 출세와 재물에 대한 탐욕으로 혼기가 지난 여동생을 계속 붙잡아 두면서까지 공녀 선발을 스스로 유도한 측면이 있다. 그해 10월 4일, 한계란은 세종의 모화루 전별연을 뒤로 하고 내시 2명과 함께 북경으로 출발하였다. 도성 안 사람들은 그런 한씨 처녀를 보고 '산송장'이라며 눈물을 흘렸다.

> 임금이 모화루에서 전별연을 베풀어 보내고, 진헌사 총제 조종생(趙從生)과 한씨의 오라비 광록시소경 한확이 함께 갔다. 도성 안 사람과 사녀(士女)들이 한씨의 행차를 바라보고 탄식하여 말하기를, "그의 형 한씨가 영락궁인(永樂宮人)이 되었다가 순장당한 것만도 애석한 일이었는데, 이제 또 가는구나" 하고, 눈물을 흘리는 자도 있었으며, 이때 사람들이 이를 산송장이라 하였다.
>
> _『세종실록』42권, 세종 10년 10월 4일

한씨가 북경으로 향하기 위해 거쳐야 했던 만주벌판의 추위도 혹독했지만, 손을 잡거나 한방에 거처하기를 요구하는 등 환관들의 치근덕거림도 극심했다. 이로 인해 한씨 처녀는 병을 얻기도 했고 이 소식을 들은 세종은 대노하였다.

한확은 이듬해 귀국할 때 성(成)·차(車)·정(鄭)·노(盧)·안(安)·오(吳)·최(崔) 씨 성을 가진 7명의 조선인 여자가 주는 편지를 가져왔다. 봉투 속에는 편지글과 함께 공녀의 머리카락이 들어 있었다. 이에 공녀의 친족들은 "평생토록 상견(相見, 서로 만나 봄)할 것은 다만 이 머리털뿐이다"라고 한숨 지으며 울먹였다.

　한편 '산송장'으로 불렸던 한계란은 뛰어난 미모와 온화한 성품을 바탕으로 명나라 황궁에 적응을 잘하여 선덕제의 후궁이 되었다. 그리고 선덕제가 죽은 후에도 시호처럼 공손하면서 신중한 성품으로 정통제(영종), 경태제(대종), 성화제(헌종) 등 57년간 4대의 황제를 섬기다가 74세를 일기로 사망하였다. 그녀가 죽자 성화제는 풍성하게 부의하고 시호를 공신부인(恭愼夫人)이라 하였다. 성종 때, 한찬이 성화제의 칙서와 한씨에 대한 제문·고명·묘지명 등을 가지고 돌아왔다.

　　묘지명은 이러하였다. " … 시호를 공신(恭愼)으로 내리니 … 부인의 휘는 계란(桂蘭)이니 대대로 조선국 청주(淸州)의 재상 집안이다. 아버지의 휘는 영정(永矴)이고 어머니는 김씨(金氏)이다. 선덕(宣德) 정미년에 국왕 성휘(姓諱)가 내정(內庭)에 선발해 올려서 이제 57년이 되었는데, 네 조정을 거쳐 섬기면서 처음부터 끝까지 한결같게 조심하여 말을 망령되게 발하지 아니하고 행동이 떳떳함이 있으며, 또 성품이 착하여 능히 여러 사람과 화목하므로 빈어(嬪御)의 무리가 신임하고 의심하지 아니하였다. … 이에 명한다.

'동국에 태어나서 중원으로 진출하였네.
천부(天府)를 공경히 섬기고 몸은 향산에 묻혔네.
부인(夫人)을 추증하며 아름다운 시호를 내렸으니,
주는 은혜 두터우매 아리따운 넋이 길이 편안하리.
비석에 글을 새겨 세상에 전하노라.'

호부상서 유우(劉珝)는 짓다."

_『성종실록』162권, 성종 15년 1월 4일

인용문 중 '빈어'는 첩, '동국에서 태어나 중원으로 진출하였네'는 공녀가 됐음을 의미한다.

6·7차 공녀에는 왜 어린 집찬녀가 많았을까

세종 11년(1429) 7월, 명나라는 조선에 6차 공녀를 요구하였다. 그러나 이번에는 이전과 달리 '요리를 잘하는 집찬비녀와 노래와 춤을 잘 추는 창가녀'를 집중적으로 요구하였다. 선덕제가 조선 음식을 좋아하는 것이 드러난 시점은 즉위 1년 차였다. 『세종실록』 8년 16일 자에 "마른 고등어(古道魚) 2궤짝(櫃)과 어린 오이(童子瓜)와 섞어 담근 곤쟁이젓(紫蝦醢) 2항아리를 영접 도감에 보냈으니, 백언(白彦)이 이것을 진헌하고자 한 때문이었다"라는 내용이 보인다. 마른 고등어, 어린 오이, 곤쟁이젓은 중국에서는 구경하기 힘든 조선 특유의 음식이었고, 백언은 중국에서 온 환관이다. 이처럼 선덕제가 조선 요리를 좋

아한 것은 할아버지 영락제의 영향을 받았기 때문으로 파악
된다.

> 명나라의 조정에 진헌할 창가녀(唱歌女) 8인, 집찬녀(執饌
> 女) 11인, 어린 화자(火者) 6인에게 음식을 대접하도록 명
> 하니, 여인들은 다 슬피 흐느끼고 먹지 않았으며, 물러
> 나올 때에는 낯을 가리고 우니 부모와 친척들이 서로 붙
> 들면서 데리고 나왔는데, 곡성이 뜰에 가득하여 보는 사
> 람들이 눈물을 흘리었다.
>
> _『세종실록』 45권, 세종 11년 7월 18일

이틀 후 집찬녀 1명이 더 늘어난 가운데, 이들은 북경으
로 출발하였다. 앞서 그해 4월 세종은 조선에 온 명나라 사신
이 연어가 나는 곳에 가서 직접 젓을 담그고자 한다는 소문을
듣고 대책을 고민하기도 하였다. 이처럼 선덕제는 조선 음식에
강한 집착을 보였다.

세종 15년(1433) 11월, 명나라는 조선에 7차 공녀를 요구
하였다. 그러나 7차 공녀는 이전과 다르게 '요리 잘하는 집찬
녀'만을 고집하였다.

중추원 부사 이맹진(李孟眕)을 임명하여 해청(海靑, 사냥용 매) 5연과 집찬비자(執饌婢子) 보금(寶金) 등 20명을 장차 진헌(進獻)하기 위하여 중국 사신과 같이 북경에 가게 하였다.

_『세종실록』62권, 세종 15년 11월 16일

선덕제는 조선 음식 가운데 조선식 두부를 특히 좋아하였다. 『세종실록』16년 12월 24일 자에 따르면, 선덕제는 "먼젓번에 보내온 반찬과 음식을 만드는 부녀자들이 모두 음식을 조화(調和)하는 것이 정하고 아름답고, 제조하는 것이 빠르고 민첩하고, 두부(頭腐)를 만드는 것이 더욱 정묘하다. 다음번에 보내온 사람은 잘하기는 하나 전 사람들에게는 미치지 못하니, 칙서가 이르거든 왕이 다시 공교하고 영리한 여자 10여 인을 뽑아서, 반찬·음식·두부 등 유를 만드는 것을 익히게 하여, 모두 다 정하고 숙달하기를 전번에 보낸 사람들과 같게 하였다가, 뒤에 중관을 보내어 국중에 이르거든 경사(京師)로 딸려 보내도록 하라"라고 조선 사신에게 당부하였다. 이와 관련해서 ① 선덕제는 생후 1개월 후부터 조부 영락제 밑에서 성장하였고, ② 그런 영락제의 생모는 고려 여성 석비(碩妃)이며, ③ 따라서 선덕제는 황위에 등극한 후에도 조부 영락제와 석비의 영향으로 조선 음식을 좋아했다 등의 이론이 존재한다.

　　서범은 「조선 대명 공녀에 대한 소고」(2008)라는 논문에서 오함(吳晗)·전사년(傳斯年)·황운미(黃雲眉) 등 1930년대 중국의 저명한 사학자들이 영락제의 생모가 마(馬)황후가 아니라 고려출신의 후궁 석비임을 주장했다고 밝히고 있다(66쪽). 논문은 또 명효릉(주원장의 묘) 신위에 '왼쪽 1위는 수비 이(李)씨로서 의문(懿文)태자, 진민왕(秦愍王), 진공왕(晉恭王)을 낳았고 오른쪽 1위는 석비로서 성조 문황제(成祖文皇帝)를 낳았다'는 내용이 새겨져 있다고 밝혔다. 성조 문황제는 영락제를 의미한다.

　　논문은 결론으로 명나라 학자 담천(1594~1658)의 『국각(國榷)』, 하교원(1558~1632)의 『명산장(名山藏)』 및 진우수의 『양화헌수필(養和軒隨筆)』에도 석비가 영락제의 생모라는 기록이 남아있다고 밝혔다. 이는 영락제가 조선 여자와 음식을 특별하게 좋아한 것은 '보상심리'의 한 표현일 수 있다는 주장이다. 영락제가 어렸을 때 조선에서 왔던 어머니의 사랑을 제대로 받지 못한 데에 대한 보상심리를 가지고 있었으며 그래서 정권을 장악한 후에 조선에 공녀와 음식을 요구했다는 것이다. 이 밖에도 논문은 그로 인해 영락제부터 조선의 대명 공녀가 시작된 면도 있다고 부연하였다.

6·7차 공녀의 구성

	공녀	수	비고
6차(세종 11년 7월 21일)	집찬녀(執饌女)·중비(重碑)	12명	어린 화자 6명 동행
	창가녀(唱歌女)	8명	
7차(세종 15년 11월 16일)	집찬비자(執饌婢子)	20명	·

태종~세종 대의 공녀 일부, 고국으로 돌아오다

　　　1~3차 공녀 가운데 사망한 8명 등을 제외한 53명의 조선 여자들은 세종 때 그리던 고국 조선으로 돌아올 수 있었다. 한확의 누이 한씨(여비)는 영락제 사망으로 순장을 당하기 직전에 새롭게 명나라 황제가 된 인종(홍희제, 재위 1424~1425)에게 자신을 따라온 유모 '낭이'를 고국 조선으로 보내 줄 것을 간곡히 부탁하였다. 그것이 1~3차 공녀의 귀환으로 이어졌다.

　　여러 죽는 자가 처음 마루에 올라갈 때, 인종(仁宗)이 친히 들어와 고별하자, 한씨가 울면서 인종에게 이르기를, "우리 어미(김흑 지칭)가 노령이니 본국으로 돌아가게 하옵소서" 하니, 인종이 분명히 허락하고, 한씨가 죽은 다음 인종이 김흑을 돌려보내려고 하였으나 …

_『세종실록』26권, 세종 6년 10월 17일

그러나 한씨의 유모 김흑은 새 황제의 약속에도 불구하고 곧바로 고국으로 돌아올 수 없었다. 명나라는 어여의 난이 드러나는 것을 두려워하여, 귀국을 미루는 대신 그녀를 공인(恭人)으로 대우하였다.

공인은 문무 관리의 정처(正妻)에게 내리는 작호로 대략 4~5품의 품계를 지녔다. 세종 17년(1435, 선덕10) 4월, 김흑은 이 같은 곡절 끝에 한씨 사후 10년 만에 고국으로 돌아올 수 있었고, 당시 귀국길에는 끌려갔던 여종 9명, 창가비 7명, 집찬비 37명 등 52명도 동행하였다.

칙서에 말하기를, "부녀 김흑 등 53명이 오래 경사(京師)에 머물러 있으니, 짐(朕)이 그들이 고향을 생각하고 있는 것을 불쌍히 여기고, 또 부모 형제가 보고 싶어 할 것이므로, 이제 내관(內官) 이충·내사(內史) 김각·김복 등을 보내어 돌려보내니, 왕이 모두 그 집을 찾아서 돌려보내어 처소를 잃지 말게 하고, 이충 등은 성묘가 끝나거

든 곧 경사로 돌아오게 하라. 그러므로 칙유하노라" 하
였다.

_『세종실록』 68권, 세종 17년 4월 26일

　　고국으로 돌아온 조선의 여자들은 궁궐을 찾아 세종에
게 중국 예절인 팔배(八拜)로 귀국 인사를 올렸다. 팔배는 몸을
굽히고, 머리를 숙이고, 손을 모으고, 구부렸다 우러렀다 하는
절을 말한다. 그리고 이들은 각자 집으로 돌아가기 전에 예조
로부터 어여의 난 등 중국 황실에서 일어난 일을 누설하면 안
된다는 다짐을 받았고, 조선 조정은 이를 어길 시에는 엄벌에
처할 것이라고 엄명하였다.

공녀 소문에 다시 전국적인 대소동이 일어나다

     조선 전기의 사회는 태종~세종 대의 7차례의 진헌으로 인해 공녀 공포증에 빠져 있었다. 그리고 중종 16년(1521) 1월, 명나라가 다시 공녀를 요구했다는 소문이 나돌면서 전국에서 대소동이 일어났다. 소문의 진원지는 명나라 사신으로 다녀온 이화종이었다. 그가 중종에게 보고하기도 전에 개인적으로 발설하였고, 이것이 삽시간에 전국으로 퍼져나간 것이다. 전국에서 공녀를 피하기 위해 ① 한 집에서 3~4명의 여자가 하루에 몽땅 결혼하기, ② 제일 먼저 달려온 남자에게 딸 시집보내기, ③ 강보에 싸인 여자아이, 유모가 안고 시집보내기 등 기상천외한 소동이 일어났다.

① 근일 도하(都下)에서 혼인하느라 소란한데 한집에 3~4명의 여자가 하루에 함께 혼인하는 경우까지 있었습니다. … 사태가 이 지경에까지 이를 줄은 헤아리지 못하였으므로 즉시 계달(啓達)하지 않다가 결국 이런 폐단이 일게 하였으니, 감히 대죄(待罪)합니다.

　　　　　　　　_『중종실록』41권, 중종 16년 1월 21일

② 어떤 사람은 딸 하나를 두고 사윗감 3~4명을 초치하였다가 그 사윗감들이 함께 몰려오면 그중 제일 먼저 온 사람에게 시집보내기도 하고 …

　　　　　　　　_『중종실록』41권, 중종 16년 1월 22일

③ 어떤 사람은 강보(襁褓)에 싸인 어린아이인데도 유모(乳母)가 안고 출가들이기도 하였으므로 당황하고 급박한 즈음이라서 귀천의 분별이 뒤섞이고 명분(名分)이 전도되었다. 이리하여 서울에는 남은 총각과 남은 처녀가 전혀 없었으니, 이는 천고(千古)에 들어보지 못하던 일이었다.

　　　　　　　　_『중종실록』41권, 중종 16년 1월 22일

당시의 공녀 소문은 풍문으로 그치지 않았다. 그해 4월, "김의 등이 일을 마치고 돌아올 때 왕은 본국의 화자(火者) 가운데 어린 화자와 선사(膳事)를 잘 다룰 수 있는 여자 및 유녀(幼女)를 선발하되 자질이 청수하여 부리기 쉬운 사람으로 각각 수십 명씩을 뽑아서 김의 등에게 딸려 보내도록 하라. 이로써 왕이 충성으로 짐을 섬기는 뜻을 알아보고자 한다"라는 내용이 담긴 정덕제(正德帝, 1491~1521)의 칙서가 도착하였다.

인용문의 김의는 명나라에서 온 환관이고 정덕제는 명나라 제15대 황제 무종(武宗), 왕은 조선의 중종이다. 이후 동녀를 선발하는 작업이 시작되었고, 조선사회는 소문이 돌 때보다 훨씬 심각한 혼란에 빠졌다. 중종 정부는 고려의 몽골 간섭기 때처럼 자살자가 속출하지는 않을까 걱정해야 했다.

> 9세부터 12세까지를 그 도의 감사가 친히 가려 뽑도록 해서 사신들로 하여금 점퇴(點退)함이 없도록 해야 한다. 혹시라도 구덩이에 몸을 던진다든가 목매 자살하는 폐가 있을까 염려스러우니, 한 도로 하여금 조심하여 수호해서 보내게 하라.
>
> _『중종실록』 42권, 중종 16년 6월 2일

중종 대의 공녀 대소동은 정덕제가 난징(南京)에서 일어
난 반란을 정벌하러 갔다가 돌아오는 도중에 사망하면서 '없던
일'이 되었다.

공녀 차출 소문, 현실이 되다

_____이윽고 중국 대륙의 주인이 바뀌었다. 명나라를 멸망시키고 들어선 청나라는 병자호란 이듬해인 인조 15년(1637) 9월, 조선에 처녀를 요구하였다. 그러자 인조와 명신 최명길 사이에 논쟁이 벌어졌다. 인조가 '꼬투리를 열 수 없다'고 말하고, 최명길은 '거부하면 청나라가 더 큰 요구를 할 수 있다'며 현실적인 주장을 하였다.

최명길이 아뢰기를, "신이 어제 배신의 장계를 보니, 여자를 공납하라는 일이었습니다. 이 일은 당초에 약조한 가운데 실리지 않았는데 이제 문득 이 말이 있으니, 황제의 말은 아닐지라도 아뢰어 알리게 한 것은 반드시 황제의 뜻일 것입니다. 신이 들어간 뒤에 저들이 다시 제기하면 무슨 말로 대답해야 하겠습니까?" 하니, 상이 이르기를, "따르기 어려운 일이니 꼬투리를 열 수 없다" 하자, 최명길이 아뢰기를, "저들이 또 이보다 더 큰 요청을 하면 이 일은 끝내 막을 수 없을 듯합니다" 하니 …

_『인조실록』35권, 인조 15년 9월 19일

인조 정부는 결국 '꼬투리'를 열기로 하고 공녀 선발에 착수하였다. 그 과정에서 기녀들이 공녀로 갈 수 없다며 자결하는 사건이 일어났으나, 신분제 사회였던 조선은 이를 큰 사건으로 여기지 않았다. 『인조실록』15년 11월 8일 자에서 당시 사관은 "이때 청나라 사신과 정명수(鄭命壽)가 연로(沿路)의 각 고을에서 방기(房妓) 바치기를 요구하였는데 기녀들이 죽음으로 항거하였다. 묘당이 아뢰기를, '그 뜻을 맞추지 않을 수 없겠습니다' 하니, 상이 따랐다"고 비교적 단문으로 기록하였다. 그해 11월, 인조 정부는 재상의 서녀와 여종 등 13명을 선발하였다.

시녀는 각 고을과 각 관사의 종 가운데에서 자색(姿色)이 있는 자를 가려 한 도(道)에서 한 사람으로 모두 여덟 사람을, 결혼은 바야흐로 재상 반열에 있는 자를 시켜 그 서녀(庶女) 또는 하인의 자식을 자기 딸로 삼아 모두 다섯 사람을 짐을 꾸려 기다리게 하고 우선 역관(譯官)을 시켜 그 뜻을 넌지시 알아보게 하고서 처치하는 것이 마땅하겠습니다.

_『인조실록』 35권, 인조 15년 11월 24일

그러나 당시 공녀는 청나라 황실이 후속 행동을 요구하지 않으면서 흐지부지됐다. 그러다가 청나라는 그 이듬해 혼인을 위한 처녀가 아니라 궁궐에서 시녀로 일한 여자를 다시 요구하였다. 이것이 이른바 8차 공녀이다. 그 결과, 청주의 막춘(莫春) 등 전국에서 6명의 여자 노비와 기생이 선발돼 북경으로 향하였다. 이들의 신원을 〈표〉로 정리하면 다음과 같다.

8차 공녀의 인적사항

이름	나이	신분	살던 곳
막춘(莫春)	16세	여종(절 노비)	충청도 청주
모란(牧丹)	21세	여종(관비)	전라도 강진
구절(九節)	23세	기생	강원도 양양

영개(永介)	21세	기생	경상도 향원
영이(英伊)	미상	여종(관비)	평안도 용강
향일(香一)	미상	여종(관비)	함경도 북청

지금까지 사례와 달리 이들의 친족에게는 면천(免賤)과 면역(免役)의 혜택이 주어졌다. 면천되면 신분이 상승하고, 면역되면 노역을 면제받는다. 면천과 면역의 혜택은 친족들의 가정환경에 따라 부모나 형제가 받았다.

"창원(昌原) 관노(官奴) 신해(信海)가 본사에 글을 올려 말하기를 '누이동생 영개(永介)가 시녀(侍女)로 심양에 들어갈 때에 심양까지 데리고 갔다가 지금에야 나왔으니 다른 사람의 전례에 따라 면천(免賤)시켜 달라'고 하였습니다. 강진비(康津婢) 모란(牧丹)과 양양비(襄陽婢) 구절(九節) 등의 남동생을 이미 면천시켜 준 바 있으니 지금 이 창원의 관노 신해도 이 규례에 따라 해조로 하여금 면역첩문(免役帖文)을 작성해 주게 함이 타당할 듯합니다. 감히 아룁니다" 하니, 아뢴 대로 하라고 답하였다.

_『비변사등록』 5책, 인조 16년 1638년 10월 9일

강원도 양양이 고향인 구절은 '남동생을 면역시켜 연로한 부모님을 모시게 해달라'고 요구하기도 했다. 그리고 인조 19년(1641) 4월, 청나라는 북경과 한양이 너무 먼 거리라며 공녀를 중단한다고 알려왔다.

불쌍한 효종 대 공녀 '의순공주'

효종 원년(1650) 3월, 순치제(順治帝, 1643~1661)가 황제로 등극한 청나라는 조선에 9차 공녀를 요구하였다. 『효종실록』 1년 3월 7일 자에 기록된 관련 내용에 따르면 순치제는 청나라 사신이 갖고 온 칙서에서 '그대 조선은 이미 우리와 한 나라가 되었는데, 다시 인친을 맺게 된다면 더욱 오래도록 견고하여 두 나라가 되지 않을 것이다. 왕의 누이나 딸, 혹은 왕의 근족(近族)이나 대신의 딸 중에 참하고 덕행이 있는 자가 있으면 선택하여 보내라'고 요구하였다고 되어 있다.

그러나 이는 순치제가 아니라 구왕(九王) 혹은 예친왕(睿親王)이라고도 불린 섭정왕 다이곤(多爾袞, 1612~1650)이 보낸 칙서였다. 효종 정부는 작업에 나서 금림군(錦林君) 이개윤(?~1672)의 딸을 최종적으로 선발, 그녀를 의순공주(義順公主)로 높여 청나라로 보냈다.

다이곤은 6만의 무리를 이끌고 요동 접경에서 의순공주를 맞았다. 그러나 그녀의 삶은 그때만 화려했을 뿐, 이후는 불행의 연속이었다. 다이곤은 곧 변심해 용모가 아름답지 못하다며 그녀를 구박하였는데 이는 효종의 북벌 계획에 대한 불만을 표출한 것이었다.

그해 12월 다이곤은 사냥하던 중 돌연 사망하였고, 역모 시도가 있었다는 이유로 그의 시체는 부관참시되었다. 의순공주는 연좌제에 의해 처음에는 백양왕(白陽王)의 아들에게 분배되었다가 4개월 후에는 황족 보로(博洛: 甫老)에게 재가하였다. 그녀를 조선으로 되돌아오게 한 것은 다름 아닌 아버지 이개윤이었다.

이에 개윤의 딸을 의순공주로 봉하여 보냈는바, 구왕(九王)이 6만의 무리를 데리고 요동 접계(接界)에 나와 아내를 삼았다. 이때부터 개윤이 누차 사명(使命)을 받들어 연경(燕京)에 들어갔고, 구왕이 죽은 뒤 청국(淸國)이 그를 역률로 논죄하니, 공주 또한 몰입되어 번왕(藩王)에게 재

가(再嫁)하였는데, 번왕이 죽자 공주가 본국에 돌아가게
해 주기를 간청하였고, 돌아온 뒤 종신토록 녹을 지급하
였는데, 이때 와서 개윤이 졸한 것이다.

_『현종개수실록』 26권, 현종 13년 12월 25일

의순공주는 조선을 떠난 지 6년여 만에 다시 고국으로
돌아올 수 있었다. 『효종실록』 7년 4월 26일 자에 따르면, 당
시 순치제는 청나라 사신이 휴대한 칙서에서 "배신 금림군 이
개윤의 딸이 과부로 집에 살고 있으면서 부모 형제를 멀리 이
별하였으니, 내가 측은하게 여긴 지 오래되었다. 또한 이 여인
은 왕에게 이미 종친이 되고 또 어루만져 길렀으니, 왕이 늘 마
음에 둠이 실로 깊을 것이다. 지금 개윤이 공물을 바치느라 조
정에 와서 그 딸을 보고자 주청하니, 전부터 가엾이 여긴 나의
뜻이 더욱 절실해졌다. 이에 특별히 태자태보(太子太保) 의정대
신 합집둔칙(哈什屯則)을 보내 귀국하게 하고 친척에 의지하여
자수(自守)토록 하니, 왕은 그리 알라"라고 하였다. 그러나 정치
적 상황이 변하자 의순공주의 아버지 이개윤에 대한 조정 대신
들의 태도는 돌변했고, 그는 삭탈관작되어 성 밖으로 쫓겨나게
되었다.

"의순공주가 청나라로 간 것은 조정의 명령 때문이었으니 의순공주가 돌아오는 것도 또한 반드시 조정의 명령을 기다려야 하는 것이었습니다. 그런데 전 금림군 이개윤은 일의 체제를 생각하지 않고 조정을 업신여기며 사사로운 뜻에 끌려 멋대로 돌려달라고 청하였으니, 국법에 있어 결코 용서할 수 없습니다. … 어찌 파직만 시키고 말 수 있겠습니까. 아울러 삭탈관작하여 성문 밖으로 쫓아내소서" 하였다. 여러 번 아뢰자, 상이 따랐다.

_『효종실록』16권, 효종 7년 윤5월 10일

의순공주는 1662년에 사망하였고, 묘는 경기도 의정부시 금오동에 있다. 그녀의 묘는 '족두리 묘'로도 불리고 있다.

조선 1~9차 공녀 진공 현황

	끌려간 시기	순수 공녀	동행자
1차	태종 8년(영락) 11월	5명	여종 16명, 내시 12명
2차	태종 10년(영락) 10월	1명	여종 4명, 내시 2명
3차	태종 17년(영락) 8월	2명	여종 12명, 내시 4명
4차	세종 9년(선덕) 7월	7명	여종 16명, 다반부녀 10명, 내시 10명
5차	세종 10년(선덕) 10월	1명	내시 2명

6차	세종 11년(선덕) 7월	·	집찬녀 12명, 가무녀 8명, 내시 6명
7차	세종 15년(선덕) 11월	·	집찬녀 20명, 사냥용 매 5마리
8차	인조 15년(순치) 11월	·	여종 4명, 기생 2명
9차	효종 1년(순치) 4월	1명	역관 5명, 의녀 2명, 여종 1명
합계		17명	여종 53명, 내시 36명, 다반부녀 10명, 집찬녀 32명, 가무녀 8명, 기생 2명, 역관 5명, 의녀 2명, 사냥용 매 5마리

지금까지 조선시대 공녀의 실태를 살펴보았다. 명나라와 청나라에서 공녀를 요구한 것은 태종 때부터 효종 때까지 약 160여 년에 걸쳐 모두 9회였다. 국왕별로는 태종 3회, 세종 4회, 인조 1회, 효종 1회 등이었다. 이 기간에 명나라에 끌려간 조선 처녀는 순수 공녀가 17명, 나머지 여종 53명, 내시 36명, 다반부녀 10명, 집찬녀 32명, 가무녀 8명, 기생 2명, 역관 5명, 의녀 2명 등 모두 165명이었다. 그 외 사람은 아니지만, 사냥용 매 5마리도 명나라에 바쳐졌다.

■

5장

국내의 「황친」과 그 대우

조선의 공녀 진공은 고려와는 크게 달랐다. 영
락제는 정략결혼을 통해 조선을 자국의 영향
력 아래에 묶어 두고 대몽골 공격의 전초기지
로 삼으려 하였다. 그 결과, 1~3차 공녀는 흠
이 없는 경우 모두 「후궁」의 품위를 받았고 그
친족은 「황족」의 대우를 받았다.

　　　　태종 대에 끌려간 조선의 공녀 가운데 6명은 명나라 영락제의 후궁이 되었고 그들의 친부와 오라비 등 친족들은 '황친(皇親)'의 대우를 받았다. 6명은 전술한 바와 같이 현인비의 오라비 권영균, 순비의 아버지 임첨년, 소의의 오라비 이무창, 미인의 아버지 최득비(이상 1차), 정씨의 아버지 정윤후(2차), 두 한씨의 오라비 한확(3·5차) 등이다. 본래 현인비의 부친은 권집중, 소의의 부친은 이문명이었으나 사망으로 그녀들의 오라비가 대신 황친 대우를 받았다. 반면 영락제 후궁 여비(1차)의 부친은 여귀진이었으나, 일찍 사망하면서 친족 중에 황친 대우를 받은 사람은 없었다. 명나라는 황친들에게 광록시경은 26석,

광록소경 16석, 홍려시경 24석, 홍려소경 14석 등의 봉록을 주기로 하였으나 거리가 멀다는 이유로 이를 조선 정부에 떠넘겼다. 그러자 대신들 사이에서는 "줘야 한다", "그렇게 많이 줄 수는 없다"의 논쟁이 벌어졌다.

> 권영균에게 녹을 주는 일은 비록 중국 조정의 명령이 있으나, 한가하게 일없이 앉아서 후한 녹을 허비하는 것은 설관(設官) 반록(頒祿)의 뜻에 합하지 않습니다. 또 광록시·홍려시는 중국 조정의 관작인데, 본조 이조에서 명을 받고 패(牌)를 주는 것이 또한 미편하니, 적당하게 쌀을 주어 조정의 명령을 높이고, 반록의 의(義)를 엄하게 하소서.
>
> _『태종실록』 22권, 태종 11년 7월 14일

결국 이 논란은 쌀 대신 월봉(月俸)을 적당히 주는 선에서 매듭지어졌다. 이 같은 선례는 세종 대 황친 반열에 오르는 한확에게도 동일하게 적용되었다.

이 밖에 딸(오씨)이 세종 대 선덕제의 공녀로 끌려간 오척도 황친 대우를 받았다. 충청도 진천현에 거주하고 있던 오씨가 공녀로 선발된 것은 4차 때로 이때 명 황궁에서 후궁의 작위를 공식적으로 부여했는지 그 여부는 확인된 바 없다. 그럼에도 그 아버지 오척이 황친 대우를 받은 것은 오씨 처녀가 선덕제의 비공식적 후궁이자 경태제(景泰帝, 1428~1457)의 생모였기 때문으로 파악된다. 황친 반열에 오른 공녀의 친족 7명을 더 상세히 살펴보자.

현인비 오라비 권영균

현인비 권씨의 아버지 권집중은 그녀가 1차 공녀로 선발됐을 때 이미 고인이었다. 따라서 그녀의 오라비 권영균이 '황친' 대우를 받았다. 그가 영락제의 부름을 받자 조선정부는 그에게 전지 30결을 하사하였다. 이는 다른 황친들이 받은 20결보다 10결이 많은 것으로, 명나라에서 현인비가 가진 위상이 반영된 결과였다. 권영균이 황궁에 입궁하자 영락제는 그에게 광록시경이라는 명예직 벼슬과 함께 보통 비단 60필, 무늬가 있는 비단 300필, 목면 10필, 황금 2정(錠), 백은(白銀) 10정, 말 5필, 말안장 2면(面), 옷 2벌, 종이 3천 장 등을 하사하였다.

『태종실록』 9년 윤4월 23일 자에는 권영균에 대한 영락제의 배려심이 잘 표현돼 있다. 영락제는 귀국하는 그에게 "네가 다시 올 때에는 바다로 오지 말고 육로로 오너라"라고 할 정도로 세심한 배려도 잊지 않았다. 영락제의 이러한 배려는 자신의 생모가 고려 여인 석비이며 만리장성 북쪽을 완전히 장악하기 위해서는 조선과의 안정적인 외교관계가 필요한 시기였기 때문이었다. 이듬해 권영균이 다시 명나라로 향하자 태종은 현인비에게 전달해 달라며 홍저포 등을 건넸다.

> 광록경 권영균이 경사(京師)에 가니, 임금이 홍저포(紅苧布) 10필, 흑마포(黑麻布) 10필을 권영균에게 주어 현인비에게 드리게 하였다.
> _『태종실록』 20권, 태종 10년 11월 6일

세종 6년(1424, 영락 22)에 영달을 누리던 권영균이 사망하였다. 세종은 부의로 쌀 30석과 관곽(棺槨)을 내리고 예조참의 성개(成概)를 사신으로 보내 명나라에도 그의 부음을 알렸다. 한 달 후 명나라 홍희제가 보낸 사신이 권영균의 집을 찾아 푸짐한 부의품과 함께 홍희제의 제문을 읽었다.

> 오직 그대는 독실하며 후하고, 순진하고 근신하여 선함

을 쌓아, 경사를 모아서 착한 딸을 낳아 우리 황고(皇考) 태종 황제를 궁중에서 섬길새, 부지런하고 공손하여 처음부터 끝까지 빈틈이 없었더니, 벌써 일찍 죽었으므로, 그대나 오래 살고 건강하기를 바랐더니, 슬픈 소리 갑자기 이르러 오니 진실로 애석하고 슬프도다. 이제 특별히 사람을 보내어 제사를 하사하고, 또 부의로 백금 2백 냥쭝과 폐백으로 표리(表裏) 열 벌과 비단 15필을 하사하여, 그것으로 친척을 친하게 여기는 뜻을 보이노니, 그대의 영혼이 없어지지 않았거든 이를 받으소서.

_『세종실록』 28권, 세종 7년 5월 26일

제문의 '착한 딸을 낳아'라는 표현은 현인비의 오라비 권영균이 오랫동안 황친으로 있었기 때문에 그를 현인비의 아버지로 착각한 것이다. 그리고 '그것으로 친척을 친하게 여기는 뜻을 보이노니'라는 문장은 그가 황친임을 의미한다. 권영균의 아내는 감사의 답례로 중국 사신들에게 모시와 베 각 20필을 주었다.

순비 아버지 임첨년

딸이 영락제의 후궁이 된 임첨년은 태종으로부터 전지
20결을 하사받았고, 명나라 황궁으로 떠나기 직전에는 말 1필
을 추가로 받았다. 이때 태종은 임첨년을 '황친'이라고 부르며
전별연을 베풀었다.

임첨년 등을 불러 편전(便殿)에서 잔치하였다. 임첨년 등
은 황제가 북경에서 하연(下輦)하는데 기거사(起居使)로
입조하게 되었으므로, 임금이 황친(皇親)이라 하여 그들
을 전별한 것이었다.
_『태종실록』33권, 태종 17년 6월 12일

명나라 영락제는 그해 9월 임첨년이 황궁에 입궁하자 홍려경 벼슬과 함께 보통 비단 60필, 무늬가 있는 비단 300필, 목면 10필, 황금 1정(錠), 백은(白銀) 10정, 말 4필, 말안장 2면(面), 옷 2벌, 종이 3천 장 등을 하사하였다.

조선시대에는 사행무역이 어느 정도 인정되었으나 금, 인삼, 담비가죽(貂)과 수달피(獺), 고급 마포 등은 무역 활동을 할 수 없는 금지물품이었고, 발각되면 처벌을 받았다. 그런데 임첨년이 황친 자격으로 중국을 가면서 금물을 휴대했다가 적발되자 사헌부에서 소가 올라왔다.

임첨년은 황제의 하사를 후하게 받아 가산이 이미 풍족한데, 오히려 화리(貨利)를 도모하여 금물(禁物)을 많이 싸 가지고 가서 나라의 법을 범하였습니다. 16승 마포(麻布)에 이르러서는 매우 가늘어서, 비록 본국에서 〈중국에〉 진헌하는 것도 일찍이 없었는데, 임첨년이 이것을 또한 가지고 갔으니, 만일 상국(上國)에 내어 보인다면 후일에 큰 폐단을 끼칠까 두렵습니다. 빌건대, 임첨년을 삭직하여 문죄하고, 겸하여 임첨년에게 비밀히 촉탁하여 모리(謀利)한 자도 아울러 다스리소서.

_『태종실록』 18권, 태종 9년 10월 10일

이에 대한 태종의 반응은 "내가 마땅히 따로 구처(區處)하겠으니, 법사(法司)에서는 다시 탄핵하지 말라"는 것이었다. '구처'는 '사물을 분별하여 처리한다'는 뜻으로, 자신이 알아서 하겠다는 답변이다. 이후 『태종실록』에 임첨년이 처벌받았다는 기록은 보이지 않는다.

I

소의 오라비 이무창

     소의 이씨는 아버지 이문명이 생존해 있을 때 공녀로 선발되었다. 따라서 그는 '황친' 자격으로 중국을 방문해, 영락제로부터 광록소경 벼슬과 함께 보통 비단 60필, 무늬 있는 비단 300필, 금(錦) 10필, 황금 1정, 백은 10정, 말 4필, 말안장 2면, 옷 2벌, 종이 3천 장을 하사받았다. 그 이후 이문명은 사망하였고, 아들 이무창이 황친 자격을 이어받았다. 영락제는 그에게 황친 작위를 주기 위해 명나라로 초청하였다.

    이무창과 여간(呂幹)이 경사(京師)에서 돌아왔다. 이무창이 복제(服制)를 끝마치고 여간과 경사에 가니, 황제가 이무창에게 아비의 작위를 이어받도록 명하고, 이어서 백금(白金)·채증(綵繒)·안마(鞍馬)를 두 사람에게 내려 주었다.

_『태종실록』 27권, 태종 14년 1월 6일

태종 15년 1월, 이무창이 내자시(內資寺)의 종 황득룡(黃得龍)을 몰래 데리고 명나라에 들어 갔다가 사헌부에 적발되었다. 당시 형벌조항에는 사행에 공노비를 함부로 동행해서는 안 된다고 규정돼 있다. 『태종실록』 15년 1월 21일 자에 관련 내용이 기술돼 있다. 이때 대한 태종의 반응은 "황득룡은 그 아뢴 바대로 들어주겠다. 이무창의 죄는 용서 못할 만한 일이 아니며, 또 그는 황제의 친척이니 내버려 두고 묻지 않는 것이 마땅하다"는 것이었다. 공노비 황득룡은 법대로 벌을 받았지만, 이무창은 '황친'이라는 이유로 아무 처벌도 받지 않았던 것이다.

미인 아버지 최득비

태종 9년(영락 7) 4월. 미인 최씨의 아버지 최득비는 명나라에 입궁해 영락제로부터 홍려소경이라는 벼슬과 보통 비단 60필, 무늬 있는 비단 300필, 금(錦) 10필, 황금(黃金) 1정, 백은 10정, 말 4필, 말안장 2면, 옷 2벌, 종이 3천 장을 하사받았다. 그리고 태종 17년에는 황친이라는 이유로 전지 20결과 말 1필을 받았다. 세종 10년 5월 25일, 최득비가 사망하자 세종은 관곽(棺槨)과 쌀, 콩을 아울러 20석, 종이 70권을 부의품으로 내렸고, 논의 끝에 사역원 판관 이사를 사신으로 보내 명나라 황궁에 최득비의 부고를 전했다. 그해 12월 26일, 명나라 사신 김만이 선덕제의 제문과 제물을 받들고 왔다.

유 선덕 3년 세차 무신 10월 기묘 삭(朔) 14일 임인에 황제는 상보감소경 김만을 보내어 홍려시 소경 최득비에게 유제(諭祭)하노라. 그대는 척리(戚里)로서 공경하고 삼가서 영원히 영화를 누릴 것을 기약하였더니, 갑자기 부음이 들리니 친친(親親)의 연고로써 진실로 애도하며 비탄하노라. 이에 특별히 사람을 보내어 제사하노니, 그대는 흠향할지어다.

_『세종실록』43권, 세종 11년 1월 20일

제문의 '척리'와 '친친'은 모두 최득비가 황친임을 지칭하는 표현으로 볼 수 있다. 『세종실록』10년 12월 26일 자에 관련 내용이 보인다. 당시 사관은 그에 대해 "최득비는 본래 수원부(水原府)의 이속(吏屬)이었는데 그 딸이 명나라로 들어간 까닭으로 소경(少卿)에 임명된 것이다. 그러나 그는 미천함을 잊고 오만무례하였다"라고 인물평을 하였다.

정(鄭)씨 아버지 정윤후

2차 공녀 정씨의 아버지 정윤후는 황친이 된 후 전지 20 결을 하사받았다. 세종 1년(영락 17) 2월 14일, 정윤후가 사망하였다. 그러자 당시 조정은 통사 전의를 명나라에 사신으로 보내어 정윤후의 부고를 알렸다. 명나라 사신 황현이 영락제의 제문을 받들고 정윤후의 집을 찾았다. 『세종실록』 1년 8월 25일 자에 영락제의 제문이 실려 있다. 영락제는 "너는 명문의 귀족으로 동쪽 나라에 표표하게 드러났고 독실 순후하며, … 부와 귀를 길이 누릴 것을 기약하였더니, 어찌된 일이던가, 한번 병들더니 그대로 급하게 죽고 말았다. 친척으로 친하게 지내던 정리를 생각할 때마다 민망하고 섭섭한 마음 더욱 깊어 간다.

이에 특별히 사람을 보내어 제사 지내게 하여 짐의 회포를 알게 하는 바이니 구원(九原)에서라도 영혼이 없어지지 않았거든 와서 흠향하라"고 조문하였다. 제문 중 '친척으로 친하게 지내던'이라는 표현은 황친임을 지칭한 것이다. 명나라 사신은 공녀 정씨의 편지도 함께 갖고 왔다.

슬프외다. 우리 아버님은 독실하시고, 순후하시고, 충성되시고 근검하시어 그 가르치시고 양육하심을 받들어서 사람 되기에 이르렀습니다. 이제는 하늘의 은총을 입사와 궁중 안에서 빈(嬪)이란 영광을 얻었사온데, 황상께서는 아버님에게까지 은택을 내리셔서 현달한 관직을 차례까지 뛰어 승진시켜 귀와 부의 영화를 향수하게 하셨으므로, 이제부터 수하고 편하심을 성하게 빼쳐서 함께 태평한 세월을 즐길까 하였더니, 어찌한 일이 하루 아침에 급하게도 영결하게 되시어 슬픈 소식이 멀리 들려오니, 애통함을 어찌 견디오리까. 간략한 제사나마 멀리 보내어 슬픈 정을 펴게 하오니, 신령이 계셔서 알으심이 있거든 와서 보시고 와서 흠향하소서.

_『세종실록』 5권, 1년 8월 25일

두 한(韓)씨의 오라비 한확

한확의 문인적인 소양은 높지 않았다. 한확은 세종이 그를 함경도 관찰사에 임명하자 "크게 배우지 못했다"며 실토하였고, 이로 인해 그의 함경도 관찰사직은 철회된다. 그럼에도 그가 고위직에 오를 수 있었던 것은 손위와 손아래 누이를 명나라 영락제와 선덕제의 후궁으로 잇따라 보냈기 때문이다.

한확은 황친의 신분으로 명 황궁에 입궁했다가 영락제로부터 염소 20마리와 말 2필을 받고 귀국해 이를 세종에게 바쳤다. 그러자 세종은 한확에게 수고의 답례로 노비 10명과 밭 60결을 내렸다. 한확은 이듬해도 영락제의 고명(誥命)을 가져온 공으로 세종으로부터 다시 노비 10명과 밭 70결을 하사받았다. 고명은 조공 관계에서 종주국이 번속국 왕에게 책봉을 허락하는 외교문서를 말한다. 이처럼 한확이 대명 창구를 독점하면서 부(富)도 그에 비례하여 축적됐다. 영락제도 한확을 총애해 그가 명나라 황궁에 머무는 동안 매일 궁중으로 불러 식사를 함께 할 정도였다.

세종 5년(영락 21) 3월, 한확의 어머니 김씨가 사망하였다. 그러자 세종은 미두(米豆) 20석과 종이 100권, 관곽(棺槨)을 부의품으로 내리고, 명나라에 김씨의 부고를 알렸다. 『세종실록』6년 7월 4일 자에 영락제의 제문이 실려 있다.

영락제는 "황제는 내관 왕현을 보내어 비(妃)의 어머니 김씨의 신령에 제사 지내며 말씀드리노라. … 친한 친족(親族)을 더듬어 생각하면 실로 느끼고 애도함이 깊은지라, 이에 특히 사람을 보내어 생례(牲醴)로써 제사하니, 신령이 어둡지 아니하거든 이를 흠향하소서"라고 조문하였다. '친한 친족'은 황친을 의미한다. 이때 명나라 사신은 영락제 후궁 한씨(1차 공녀)의 제문도 함께 가져왔다.

> 황비(皇妃)는 삼가 내관 왕현을 보내어 어머니 김씨의 신령에 제사 지내며, 말씀드립니다. 우리 어머님의 기르시던 수고를 생각하오면, 덕이 후하시고 은혜가 깊사와 갚

을 길 없사옵니다. 여식이 연약한 체질로 궁중의 빈(嬪)으로 뽑히어 황상(皇上)의 은총을 받아 부귀를 누리옵고 융숭한 하사가 온 집의 영광이라, 바야흐로 우리 어머님이 미수(眉壽)에 이르시어 길이 강녕하심을 누리실까 기약하였더니 어찌 뜻하였사오리까. 하루아침에 영영 가시다니, 생사의 사이에 추념하오면 어찌 애통함을 이기리까. 이에 특별히 보내어 제사를 드리오니 영혼이 계시거든 하감하시고 흠향하소서.

_『세종실록』 25권, 6년 7월 4일

1차 공녀 한씨는 이후 영락제가 사망하면서 순장을 당하였다. 그럼에도 한확의 높아진 정치적 위상은 변하지 않았다. 그는 20대 중반에 가정을 갖고 있으면서도 다른 여자와 간통했고, 이것이 발각돼 탄핵의 위기에 몰렸다.

"장군 절제사 한확이 전감무 김성정(金成鼎)의 첩의 딸 고미(古未)와 간통하였으니 논핵하기를 청합니다" 하니, 임금이 장군 절제사를 갈아 임명하고, 확은 서울로 돌아오게 하였다. 이 계집은 일찍이 시녀(侍女)로 궐내(闕內)에 있던 것을 어미 집에 놓아 보낸 것인데, 확이 간통하다가 그 계집의 어미가 고소하여 발각된 것이었다.

_『세종실록』 29권, 세종 7년 9월 28일

그러나 세종은 한확의 탄핵을 윤허하지 않았다. 세종은 "이 사람은 내가 죄줄 수 없는 사람이다"라고 그 이유를 밝혔다. 그 후 권력의 달콤함을 맛본 한확은 혼수를 준비하던 누이 동생 한계란(5차 공녀)을 선덕제의 후궁으로 만들고자 하였다. 그러자 계란은 "누이 하나를 팔아서 부귀가 이미 극진한데 무엇을 위하여 약을 쓰려 하오"라며 울분을 토하였다고 『세종실록』 9년 5월 1일 자는 기록하고 있다.

한확은 명나라에 사신으로 갔다가 돌아오는 길에 요녕 사하포(沙河鋪)에 이르러 병으로 객사하였다. 이에 세조는 예관을 보내어 압록강 위에서 널(板)을 맞고, 도승지 한명회(韓明澮)에게 명하여 관을 호송하게 하였다.

당시 한확은 조선과 명나라 사이의 골치 아픈 외교문제를 해결하고 돌아오던 중이었다. 계유정난의 공신이기도 한 한확이 세조의 등극을 승인하지 않고 있던 명나라에 들어가 "단종이 왕위를 양위한 결과 그렇게 됐다"라고 황궁을 성공적으로 설득한 것이다. 이처럼 세조가 한확을 절대적으로 신임한 것은 여러 요소가 복합적으로 작용한 결과였다.

I

오(吳)씨의 아버지 오척

⎯⎯⎯ 충청도 진천현에 거주하던 오척의 딸은 4차 때 공녀로 간택되어 명 황궁에 진헌되었다. 세종 조정은 공녀 간택에 대한 대가로 공녀의 친권자에 해당하는 친부뿐만 아니라 오라비와 숙부 등에게 인사상의 혜택을 주었다. 오척은 세종 9년 종7품의 우군 부사정(副司正)에서 정7품의 사정(司正)으로 승진하였다. 또 세종 23년에는 무반으로서는 흔치 않게 충청도 영춘현감(종6품)에 제수되어 국왕 세종에게 하직인사를 올렸다.

영춘현감(永春縣監) 오척이 하직하니, 인견하고 말하기를, "농상(農桑)을 권장하고 형벌을 가볍게 하는 것은 백

성을 사랑하는 자의 선무(先務)이다. 너희들은 생각하여
하라. 또 이제 북방이 허약하므로 남쪽 백성을 옮겨다
채우니, 군정(群情)이 소동(騷動)하여 내가 매우 염려한다.
너희들이 나의 마음을 몸 받는다면 폐단이 없을 수 있을
것이다" 하고 …

_『세종실록』 93권, 세종 23년 7월 22일

오척은 세종 28년 영춘현감 재직시 개간한 밭 40여 결
을 묵은 밭(陳田)으로 처리하고도 농지세를 거둔 후 이를 도용
(盜用)했다가 발각되었다. 그러나 그는 4년 후인 문종 즉위년에
관리 임명장인 고신(告身)을 돌려받았고, 4년 후인 단종 2년에
는 다시 벼슬자리에 중용될 수 있는 서용(敍用) 후보군에 올랐
다. 그에 앞서 오척은 세종 12년 불륜 행각을 벌이다가 사헌부
의 탄핵을 받을 처지에 놓이기도 했다. 그러나 이때 세종이 내
린 결정은 '오척은 황친이다'라는 것이었다.

사헌부에서 아뢰기를, "부사직 오척(吳偶)이 천첩 중덕(重
德)을 사랑하여 그의 본처 박(朴)씨를 버리고, 첩을 말에
태우고는 부채로 낯을 가리게 하는 등, 참람하게도 양반
의 부녀자에 비의(比擬)하였으니, 오척은 장형 80대를 집

행하고, 중덕은 본래의 신분에 좇아 신역(身役)을 정하게
하소서" 하니, 명하여 아뢴 대로 하되, 척은 황친(皇親)이
니 논하지 말게 하였다.

_『세종실록』49권, 세종 12년 9월 18일

황친 오척은 당연히 명나라 조정의 주목도 받았다. 세
종 9년 오공녀를 간택해 명궁으로 데려갔던 명나라 내관 윤봉
(尹鳳)이 문종 즉위년(경태 1)에 다시 조선을 찾았고, 이때 오척을
관리로 임명할 것을 강력히 요구하였다. 이유는 역시 오척이
황친이라는 데 있었다.

황친들은 모두 사모(紗帽)를 썼는데도 유독 오척만은 갓
(笠)을 썼습니다. 중국에서는 대궐 북쪽에 별도로 관(觀)
을 짓고는 황친 중에 임사(任使)할 만한 사람을 두고, 그
들을 승진시켜 천호(千戶)·백호(百戶)·진무(鎭撫) 등 관원
으로 삼고, 재능이 없는 사람은 사무를 맡기지 않고 다
만 그 봉록만 받게 할 뿐인데, 지금 오척도 또한 이 예에
의거하여 서용하는 것이 어떻겠습니까?

_『문종실록』3권, 문종 즉위년 9월 5일

이상에서 보듯 오척은 조선과 명나라로부터 '황족'의 대우를 지속적으로 받았다. 이것은 오척의 딸이 단순히 오공녀가 아니라 명나라 선덕제의 후비이자 경태제의 생모라는 최근의 설을 강력히 방증하는 것이다. 필자는 「조선 전기의 貢女와 그 친족에 대한 시혜」(백산학보, 2017)에서 명나라 황궁에 진헌된 진천인 오척의 딸(7차 공녀)이 선덕제의 후비이자 경태제의 생모일 가능성이 농후하다고 주장한 바 있다.

명나라 역사서에서는 그녀의 입궁 후 행적에 대해 찾아볼 수 없다. 그러나 조선시대 사찬 기록물인 이익(李瀷, 1681~1763)의 『성호사설』, 이규경(李圭景, 1789~?)의 『오주연문장전산고』, 한치윤(韓致奫, 1765~1814)의 『해동역사』 등은 공통적으로 '진천인 오척의 딸이 선덕제의 후비이자 명나라 제7대 황제 경태의 생모가 되었다'라고 서술하였다.

문헌적인 근거는 ① 오공녀의 얼굴이 화상으로 그려져 국내에 전해진 점, ② 친부 오척이 종7품 무반에서 문반직인 현감으로 고속 승진한 점, ③ 영춘현감 재직시 불법을 저질렀으나 면죄된 점, ④ 명나라 내관 윤봉이 직접 그를 황친으로 지칭한 점 등이다. 그녀가 가무녀나 집찬비자의 한 명으로 명나라 황궁에 입궁했다면 생부 오척에게 황친이라는 표현도, 또 그에 상응하는 특혜도 제공되지 않았을 것이다.

오공녀의 가문이 크게 현달한 점도 주목된다. 오비, 오엄, 오함, 오부, 오전 등 오공녀의 삼촌 5형제는 모두 현감 이상의 품관에 오르는 등 출세하였다. 오비는 문과에 급제한 후 예조정랑을 거쳐 통훈대부까지 승품하였다. 오엄은 공산판관, 오한은 현감과 동부승지에 올랐고 오부는 단양현감, 오전은 용담현령 등을 역임하였다.

오비는 『국조문과방목』, 오엄은 『세종실록』, 오전은 『점필재집』에서도 행적이 확인된다. 오공녀 삼촌들의 출세가 황친 오척에 대한 배려에 힘입었는지는 분명치 않으나, 그 가능성은 매우 농후하다 할 것이다.

오황후설의 또 다른 근거는 『조선환여승람』과 『한국지명총람』에 있다. 『조선환여승람(朝鮮寰輿勝覽)』 진천군 고적조는 "원 황후 궁동은 군의 북쪽 10리에 있다. 세상에 전해지길, 원 황제 홀필렬의 황후 오씨의 탄강지이다. 황후는 상산의 정기를 모아 태어났다. 원 황제는 기(氣)를 찾으려 했고 이를 구하기 위해 이곳에 도착했다. 황후는 태어난 곳에 궁궐을 지어 그 부모에게 주었다. 그 유허지에는 밭고랑에 무너진 기와담과 파괴된 그릇이 어지럽게 쌓여 있다(元皇后宮洞 在郡北十里 世傳元皇帝忽必烈 皇后吳氏誕降之地 后鍾常山精氣而生 元皇望氣而求到 皇后築宮於所生地以賜 其父母 其遺墟地有壞瓦破器浪籍於田畝)"라고 기술하였다. 그 결과, 현

재 궁동(궁골) 마을 벽화의 주인공은 원나라 기황후가 그려져
있다.

그러나 이는 조선 세종 대의 오황후를 기황후로 오인한
것으로 보인다.

일제강점기 궁골 마을 주민들은 막연히 마을에서 '어떤
황후'가 출생한 것으로 알고 있었던 것 같다. 그러나 소문을 검
증 없이 따르다 보니 대중적으로 많이 알려진 원나라의 기황후
를 끌어들인 것으로 여겨진다.

『한국지명총람(1970, 한글학회)』 충북편은 노원리 궁골에

충북 진천군 이월면 궁골 마을에 고려 기황후 벽화가 건물 벽면과 담장마다 그려져 있다.

서 파생된 '궁터밭' 지명에 대해 "노원리에 있는 밭. 옛날에 오
씨의 재궁이 있었다 함"이라고 서술하였다. 역시 기씨가 아닌
오씨임을 분명히 하고 있다. 명나라 왕기가 지은 『속통고』는

"어미는 단도 사람인데 도독 오언명의 딸이다"라고 서술하였다. 그러나 '오황후=단도인설'은 이것이 전부로, 그 기반은 매우 약한 편이다. 황친 대우를 받은 인물과 그 내용을 〈표〉로 정리하면 다음과 같다.

공녀 친족의 황친 대우와 그 내용

이름	차수	공녀와 관계	'황친' 대우와 관련된 내용
권영균	1차	오라비	① "네가 다시 올 때에는 바다로 오지 말고 육로로 오너라." ② 권영균이 죽자 홍희제가 보낸 사신이 직접 조문·제물 ③ "그것으로 친척을 친하게 여기는 뜻을 보이노니"
임첨년	1차	아버지	① "임금이 황친(皇親)이라 하여 그들을 전별한 것이었다." ② 태종 "내가 구처하겠으니 탄핵하지 말라."
이무창	1차	오라비	① "황제가 이무창에게 아비의 작위를 이어받도록 명하고" ② "그는 황제의 친척이니 묻지 않는 것이 마땅하다."
최득비	1차	아버지	① 최득비가 사망하자 선덕제가 보낸 사신이 직접 조문·제물 ② "친친(親親)의 연고로써 진실로 애도하며 비탄하노라."
정윤후	2차	아버지	① 정윤후가 사망하자 사신 편에 제문 전달 ② "짐의 가까운 친척이 되었으므로" ③ "친척으로 친하게 지내던 정리를 생각할 때마다" ④ 정씨 제문 "궁중 안에서 빈(嬪)이란 영광을 얻었사온데"
한확	3·5차	오라비	① 한확의 어머니가 사망하자 영락제가 보낸 사신이 조문·제물 ② 영락제 "착한 딸을 낳아서 궁중의 빈(嬪)이 되게 하였다." ③ 한씨 제문 "황비는 삼가 내관을 보내어 어머니 신령에" ④ 세종 "이 사람은 내가 죄줄 수 없는 사람이다."
오척	4차	아버지	① 『세종실록』 '척은 황친(皇親)이니 논하지 말게 하였다.' ② "황친들은 모두 사모를 썼는데 유독 오척만 갓을 썼다."

지금까지 '황친' 대우를 받은 공녀의 친족을 살펴봤다. 『고려사』나 『고려사절요』에는 '황친'이라는 표현이 등장하지 않는다. 유독 조선 태종~세종 대만 황친이라는 표현이 존재한다.

앞서 말했듯 만리장성을 기준으로 한 '마의 삼각구도'는 동북아시아의 역사 속에서 간헐적으로 형성되었다가 중국 대륙에 강력한 통일국가가 들어서면 해체되었다. 그러면 대륙의 국가와 한반도의 국가 사이에는 어김없이 공녀 현상이 발생하였다.

그러나 조선의 공녀 진공은 고려와는 크게 달랐다. 명나라 영락제는 정략결혼이라는 유화책을 통해 조선을 자국의 영향력 아래에 묶어 두고 대몽골 공격의 전초기지로 삼으려 하였다. 그 결과, 영락제 재위기간의 1~3차 공녀는 흠이 없는 경우 모두 '후궁'의 품위를 받았고 권영균, 임첨년, 이무창, 최득비, 정윤후, 한확 등 그 친족은 '황족'의 대우를 받았다.

그러나 영락제 재위 후반부터는 공녀에 대한 대우가 크게 달라졌다. 4차 이후부터는 한씨와 오씨 처녀 등 일부 특별한 경우는 제외하고 후궁의 품위가 주어지지 않았고, 친족도 황족으로 대우되지 않았다. 조선의 공녀 진공 내용을 한마디로 정리하면, 처음에는 명 황실과 조선 왕실 간의 정략결혼 차원에서 출발했으나 점차 명 황실의 사역인 용도로 변해갔다.

이 책은 공녀에 대한 대중 성격의 글로 논문 형식의 글은 아니다. 그럼에도 불구하고 지금까지의 서술을 정리하면 다음과 같다. 공녀는 공물의 일종이고, 그 공물은 동아시아 국가 사이에 존재했던 조공과 책봉이라는 외교적 관계와 밀접한 관련이 있다. 공녀는 종주국인 중국과 그 주변 국가인 번속국 사이에 성립되었다. 이 경우 국력이 강한 종주국은 '갑'이 되고, 열세인 번속국은 '을'이 된다.

우리 역사의 조공 외교는 삼국시대로 거슬러 올라가지만, 그때의 조공에 공녀가 포함됐는지 여부는 불분명하다. 공녀가 대규모로 발생한 것은 고려와 조선시대로, 진공의 주 대

상국은 각각 원나라와 명나라였다. 특히 고려는 충렬왕 1년을 시작으로 공민왕 4년까지 대략 40여 년 동안 총 44회에 걸쳐 170명의 어린 소녀를 원나라에 진공하였다.

　　국왕별로 살펴보면, 가장 진공 횟수가 많았던 시기는 충렬왕 때로 21회였고 그다음은 충숙왕 10회, 공민왕 5회, 충선왕·충목왕 각 3회, 충혜왕 2회 순이었다. 반면 진공 규모가 가장 컸던 시기는 충숙왕 때로 83명이었고, 그다음은 충렬왕 71명, 공민왕 10명, 충선왕 4명, 충목왕 2명 순이었다.

　　조선은 태종 때부터 효종 때까지 약 160여 년간 9회에 걸쳐 총 165명을 명나라에 진공하였다. 시기는 태종 3회, 세종 4회, 인조 1회, 효종 1회 등이었고, 순수 공녀로 진공된 조선의 동녀는 17명이었다. 나머지는 여종 53명, 내시 36명, 다반부녀 10명, 집찬녀 32명, 가무녀 8명, 기생 2명, 역관 5명, 의녀 2명 등이었다.

　　1~3차 공녀 가운데 사망한 8명 등을 제외한 53명의 조선 여인들은 세종 때 그리던 고국 조선으로 돌아올 수 있었다. 한확의 누이 한씨(여비)가 영락제의 사망으로 순장을 당하기 직전에 자신을 따라온 유모 '낭이'를 고국 조선으로 보내줄 것을 간곡히 부탁한 결과였다. 그리고 효종 때 9차 공녀로 진공되었던 의순공주는 아버지 이개윤의 노력으로 6년 만에 고국 땅을

다시 밟을 수 있었다.

　　지금까지의 정리를 통해 몇 가지 의의를 도출할 수 있다. 고려와 조선의 공녀 진헌은 중국 대륙에 통일된 국가가 들어섰을 때 일어났다. 한반도를 포함한 동북아시아 역사에서는 만리장성을 기준으로 이른바 '마의 삼각구도'가 간헐적으로 형성되었고 이 구도는 만리장성 이남의 중원 대륙에 한족 국가, 만리장성 이북에는 '오랑캐'로 불리는 북방 민족, 그리고 한반도의 고대~전근대 국가 등이 삼자 정립하는 것을 말한다. 이런 구도가 형성되면 중원 대륙의 한족은 북방 민족과 한반도 국가가 연합하는 것을 방지하기 위해 한반도를 선제 공격하였다. 한나라가 고조선을, 수나라와 당나라가 고구려를 침공한 것이 이에 해당한다. 반대로 북방 민족이 만리장성 이남을 공격할 때도 한반도 국가가 중원의 국가와 연합하는 것을 차단하기 위해 한반도를 선제 공격하였다. 거란의 3차례에 걸친 고려 침입과 청나라가 조선을 침략한 병자호란이 여기에 해당한다.

　　그러나 중국 대륙에 강력한 통일국가가 들어서면서 마의 삼각구도가 해체되면 대륙 국가와 한반도 국가 사이에 공녀 현상이 발생한 것이다. 이는 국가 간 국력 차이를 배경으로 한 갑-을 관계가 보다 명확해지며 생긴 것이다. 고려가 원나라에, 조선이 명나라에 공녀를 진공한 것은 이 같은 역사적 환경을 배경으로 성립된 것이었다.

　　그러나 미시적인 접근을 하면 고려와 원나라, 조선과 명 나라의 공녀는 크게 차이가 나고 있다. 원나라가 고려에 공녀를 징구한 배경은 원의 일부다처제 풍습, 병사들에게 아내를 공급하기 위한 구처(求妻) 차원, 원 황실의 인력공급 등이었다. 기황후가 바로 원 황실의 사역(使役) 용도로 진공되었다가 황후의 위치까지 오른 경우이다. 일부에서는 원나라가 끈질기게 저항하는 고려 무신정권을 굴복시키기 위해 공녀를 징구했다고 주장하지만 이는 시간대가 맞지 않는다. 고려가 원나라에 공녀를 본격적으로 진공하기 시작한 것은 충렬왕 1년이다. 이 시기는 고려 무신정권(1170~1270)이 완전히 붕괴한 뒤이며 고려가 이미 저항을 접고 부마국으로 전락한 상태였다.

　　원나라의 멸망과 함께 사라졌던 우리 역사의 공녀는 명나라가 중원 대륙을 통일한 후 다시 등장하였다. 그러나 그 배경은 고려-원나라의 공녀 수수 관계와는 크게 달랐다. 명 태조 주원장은 인접국 조선을 회유할 필요가 있었다. 그것은 조선 왕실과의 정략결혼 추진으로 나타났으나, 주변 정세의 변화로 실현되지는 않았다. 명나라 영락제도 정략결혼이라는 유화책을 통해 조선을 자국의 영향력 아래에 묶어 두고 대몽골 공격의 전초기지로 삼으려 하였다. 그 결과, 영락제 재위기간의

1~3차 공녀는 흠이 없는 경우 모두 '후궁'의 품위를 받았고, 그 친족은 '황족'의 대우를 받았다.

　　그러나 영락제 재위 후반부터는 공녀 요구 내용이 크게 달라지기 시작한다. 영락제는 음식 잘 만드는 조선 여자와 음식을 징구하다가 사망하였다. 이 같은 흐름은 4차 공녀 선발에도 부분적으로 이어졌다. 명나라의 새 황제 선덕제는 조선에 동녀 외에도 다반부녀를 요구하였다. 그리고 6, 7차 공녀에서는 그 선호도가 더욱 명확해져 아예 조선 음식과 반찬 만드는 집찬녀를 집중적으로 요구하였다. 따라서 4차 이후부터는 일부 특별한 경우는 제외하고 후궁의 품위가 주어지지 않았고, 친족도 황족으로 대우하지 않았다. 다만 한확의 여동생 한계란(5차 공녀)에게는 후궁의 품위가 주어졌고, 그 친족은 황족의 대우를 받았다.

　　조선의 공녀 진공 내용을 한마디로 정리하면, 처음에는 명 황실과 조선 왕실 간의 정략결혼 차원에서 출발했으나 점차 명 황실의 사역인 용도로 변해갔다는 점이다. 정략결혼에는 명나라 황제 개인의 성적 욕구 해소도 포함돼 있다. 이 같은 정리 속에서 가장 궁금하게 다가오는 대목은 '진천인 오척의 딸'이다. 『성호사설』, 『오주연문장전산고』, 『해동역사』 등은 공통적으로 '진천인 오척의 딸이 선덕제의 후비이자 명나라 제 7대

황제 경태의 생모가 되었다'라고 서술하였다. 국내 역사학계는 이 부분을 아직 주목하지 않고 있다. 그러나 세종이 "오척은 황족이라 죄줄 수 없다"고 한 점, 명나라 환관이 지속적으로 황친으로 대우하기를 요구한 점, 충북 진천 이월면에 황후가 태어났다는 전설이 구전되는 점, 마을 이름이 '궁골'인 점, 『한국지명총람』이 '옛날에 오씨의 재궁이 있었다'라고 한 곳에서 기와편이 지속적으로 발견되는 점 등은 '오척의 딸 = 명나라 선덕제의 후궁'이 아니고는 설명되지 않는 것들이다. 이것이 사실이라면 또 하나의 새로운 역사 발견이 된다. '세창역사산책' 출간을 계기로 이 부분이 공론화되기를 기대한다.

강희제(康熙帝), 『어선원시(御選元詩)』.

계혜사(揭傒斯), 『문안집(文安集)』.

권형(權衡), 『경신외사(庚申外史)』.

김대문, 『화랑세기(花郞世記)』.

김부식 외, 『삼국사기(三國史記)』.

김종서 외, 『고려사절요(高麗史節要)』.

박지원, 『열하일기(熱河日記)』.

빙전(馮銓), 엽방알(葉方藹) 외, 『명사(明史)』.

사마천(司馬遷), 『사기(史記)』.

서거정·노사신 외, 『동국통감(東國通鑑)』.

서거정·양성지 외, 『동문선(東文選)』.

송렴(宋濂) 외, 『원사(元史)』.

왕기(王圻), 『속통고(續通考)』.

이곡, 『가정집(稼亭集)』.

이규경, 『오주연문장전산고(五洲衍文長箋散稿)』.

이긍익, 『연려실기술(燃藜室記述)』.

이병연, 『조선환여승람(朝鮮寰輿勝覽)』.

이익, 『성호사설(星湖僿說)』.

정인지 외, 『고려사(高麗史)』.

주이준(朱彝尊), 『명시종(明詩綜)』.

한치윤, 『해동역사(海東繹史)』.

『비변사등록(備邊司謄錄)』.

『악장가사(樂章歌詞)』.

『일본서기(日本書紀)』.

『조선왕조실록(朝鮮王朝實錄)』, 『단종실록(端宗實錄)』.

『조선왕조실록(朝鮮王朝實錄)』, 『문종실록(文宗實錄)』.

『조선왕조실록(朝鮮王朝實錄)』, 『성종실록(成宗實錄)』.

『조선왕조실록(朝鮮王朝實錄)』, 『세종실록(世宗實錄)』.

『조선왕조실록(朝鮮王朝實錄)』, 『영조실록(英祖實錄)』.

『조선왕조실록(朝鮮王朝實錄)』, 『인조실록(仁祖實錄)』.

『조선왕조실록(朝鮮王朝實錄)』, 『중종실록(中宗實錄)』.

『조선왕조실록(朝鮮王朝實錄)』, 『태조실록(太祖實錄)』.

『조선왕조실록(朝鮮王朝實錄)』, 『태종실록(太宗實錄)』.

『조선왕조실록(朝鮮王朝實錄)』, 『현종개수실록(顯宗改修實錄)』.

『조선왕조실록(朝鮮王朝實錄)』, 『효종실록(孝宗實錄)』.

김태영, 2014, 「공녀를 통해 본 조선 대명관 변화」, 충북대학교 석
    사학위논문.

박경자, 2010, 「공녀 출신 고려여인들의 삶」, 『역사와 담론』 55.

박상진, 2005, 『내시와 궁녀』, 가람기획.

박성주, 2004, 「고려말 여명간 조공책봉관계의 전개와 그 성격」,
    『경주사학』 23.

박원호, 1973, 『홍무건문연간 명과 조선의 관계』, 국립대만대학 역
    사학연구소.

_____, 2002, 『명초 조선 관계사 연구』, 일조각.

박은옥, 2014, 「중국으로 간 공녀의 음악활동 양상」, 『한국음악사학고』 53.

_____, 2015, 「한중 문화교류에서 공녀의 역할」, 『중국학』 53.

서 범, 2008, 「조선 대명 공녀에 대한 소고」, 고려대학교 석사학위논문.

유홍렬, 1957, 「고려의 원에 대한 공녀」, 『진단학보』 17.

이숙인, 2006, 「공녀: 변방 '국민' 이등 '시민'」, 『여성이론』 14.

이종묵, 2011, 「중국 황실로 간 여인을 노래한 궁사」, 『고전문학연구』 40.

임상훈, 2012, 「명대 조선 공녀 연구」, 남경대학교 박사학위논문.

_____, 2013, 「明初 朝鮮 貢女의 性格」, 『동양사학연구』 122.

_____, 2013, 「명초 조선 공녀 친족의 정치적 성장과 대명 외교활동」, 『명청사연구』 39.

_____, 2017, 「명초 조선 여인들의 명궁에서의 삶」, 『여성과 역사』 27.

정구선, 2002, 『공녀-중국으로 끌려간 우리 여인들의 역사』, 국학자
료원.

_____, 2004, 「선초 조선출신 명사신의 행적」, 『경주사학』 23.

조혁연, 2017, 「조선 전기의 貢女와 그 친족에 대한 시혜: 明 경태제
모후 오척(吳倜)의 딸을 중심으로」, 『백산학보』 107.